上百幅手繪**全景地圖**，可拉頁展開

用全景地圖學中國史下

西晉到清朝

余慶俊 校訂

國家圖書館出版品預行編目資料

用全景地圖學中國史（下）：西晉到清朝 / 余慶
俊校訂. -- 初版. -- 臺北市：五南圖書出版股份有
限公司, 2022.01
　　面；公分

ISBN 978-986-522-812-5（下冊：精裝）

1.中國史　2.歷史地圖

610　　　　　　　　　　110007866

ZW23　少年博雅 035

用全景地圖學中國史（下）
西晉到清朝

校　　訂：余慶俊
發 行 人：楊榮川
總 經 理：楊士清
總 編 輯：楊秀麗
副總編輯：劉靜芬
責任編輯：黃郁婷、黃麗玟
封面設計：王麗娟
出 版 者：五南圖書出版股份有限公司
地　　址：106 台北市大安區和平東路二段 339 號 4 樓
電　　話：(02)2705-5066
傳　　真：(02)2706-6100
劃撥帳號：01068953
戶　　名：五南圖書出版股份有限公司
網　　址：https://www.wunan.com.tw
電子郵件：wunan@wunan.com.tw
法律顧問：林勝安律師事務所　林勝安律師

出版日期：2022 年 1 月初版一刷
定　　價：新臺幣 520 元

目錄

地圖上的歷史時光之旅

　　中國人的祖先進入智人階段後，開始創造豐富多彩的中華文明。黃河文化、長江文化、南方文化、北方文化和西南文化五個文化帶，共同組成了中華文明的璀璨星空。黃河岸邊，有人在種粟，有人在追趕獵物；長江邊上，人們捕著魚、唱著歌，強壯的男人在搭建茅草屋，柔弱的女子在採集果實；北方的先民正在馴化馬匹，奔跑的駿馬鬃毛飛揚；西南的崇山峻嶺中，人們在叢林中穿梭，找尋著獵物，享受著陽光雨露……中華大地一片勃勃生機。

　　中華各族文化互相交融，數千年的中國歷史文化在黃河和長江的見證下，滾滾前進，給後人留下數不盡的歷史錦囊。

　　這套《用全景地圖學中國史》分上、下兩冊，248頁的篇幅。書中用數百幅細膩、生動的全景圖重現了每一個朝代的歷史場景，每一幅圖都深藏著歷史風雲變遷，有金戈鐵馬、朝野大事，也有婚喪嫁娶、市井民生，讓孩子身臨其境般感受歷史、體驗歷史。

　　本書最大的特點是，將歷史知識與地圖深度結合。古人云「左圖右史」，固然指藏書眾多，但也反映了「圖」和「史」同樣重要、不可或缺的事實。書中有地理空間的歷史內容，均有地圖來輔助閱讀。歷史地圖為孩子提供直觀的、確切的地域空間圖像，發揮文字難以表達的作用和效果，與文字內容配合，相輔相成，成為歷史知識的有機組成部分。圖文結合，可以生動全面地反映當時的形勢，讓孩子對歷史有一個宏觀的、整體的認識。

　　地圖對於歷史具有「以地釋史」的重要意義，孩子通過閱讀本書，借助地圖知識可以更好地以古窺今，讓歷史更加鮮活和具體。希望透過閱讀本書，能夠讓孩子燃起對歷史學習的熱情，對中國歷史能有更清楚的理解。

西 晉
（266 年—316 年）

三國鼎立的時代隨著司馬家族的崛起走到了終點。266 年，司馬炎建立西晉，以洛陽為都城。雖然司馬炎廢掉魏元帝，自立為帝的手段並不光彩，但他建立的西晉以秋風掃落葉之勢消滅了南方的孫吳政權，使中國重新迎來了統一。

西晉疆域廣闊，相當於三國疆域的總和，但統治腐朽，制度缺乏獨創性，大多沿用前朝，國力衰微。西晉初年，晉武帝分封了 27 個同姓諸侯王。隨著這些諸侯王的權力擴張，一場爭奪中央政權的八王之亂爆發了，這場動亂加速了西晉的滅亡。

放牧

玄學昌盛

西晉時期，士人們喜歡討論有關先秦時期道家思想的內容，這種學術思潮被稱作「玄學」。

《泰始律》

司馬家族掌權後，因嫌棄法律條文複雜，下令重編律法，新編撰的《泰始律》內容簡約且配有注文，使法典更加規範。

牧民

游牧民族

西晉時期，因爲全球氣溫下
降，北方的游牧民族紛紛向南
遷徙。西晉朝廷將這些南邊的
少數民族安置在中原各地，設
置專門的機構進行管理。

南下的游牧民族

流離失所的百姓

西

開拓新家園的少數民族

士族

司馬家族依靠世家大族的
支持奪取了政權，因此西
晉時期各地世家大族的權
力進一步強化，逐漸演化
成「門閥」。

◎ 洛陽

分封諸侯

晉武帝建立西晉之後，將司
馬家族的親戚封爲諸侯王，
爲日後的「八王之亂」埋下
隱患。

晉

士族莊園

紡織麻布

平定南方

晉武帝司馬炎出兵滅
亡了南方的孫吳政
權，於280年完成統
一。

水車

河

渤

海

東

海

南　海

（漲海）

◎　都城

－－　政權部族界

———　今國界

註：太康二年（281
年）。

3

三國歸晉

西晉的建立者司馬炎是司馬懿的孫子，其父司馬昭在世時已經掌控曹魏政權。司馬炎承襲父親官位後，逼迫魏元帝曹奐將皇位禪讓給自己，改國號為晉，建都洛陽，史稱西晉。

西晉建立時，南方的吳國還存在。司馬炎經過長時間的準備後，派大將杜預、王濬等人攻打吳國。

吳國軍隊倚仗長江天險，用粗重的鐵索橫貫長江，並在江底部署了許多鐵錐，用來對付西晉的戰船。然而，王濬製作了許多大型竹筏在水軍前面行駛，鐵錐刺中竹筏後再設法取出。王濬又製作了許多大型火炬，放在船前灼燒鐵索，將鐵索燒斷，一舉突破了吳軍的防線。

不久，王濬率水軍來到吳國都城建業（今南京）城下，吳國皇帝孫皓見大勢已去，率眾投降。自此，三國歸晉，90 多年的混亂割據局面結束了。

三國歸晉

「傻皇帝」司馬衷

司馬炎死後，其子司馬衷即位。司馬衷天生智力有缺陷，朝廷大權逐漸落入皇后賈南風手中。賈南風自己沒有兒子，很擔心司馬衷死後皇位會落到其他嬪妃的兒子手中，便設計殺害太子司馬遹（ㄩˋ）。

太子被殺引起很大的動亂，趙王司馬倫以皇后殺害太子之名，發動政變，殺死賈南風，奪取權力。

八王之亂

司馬倫奪權後，廢掉司馬衷，自稱皇帝。這一舉動遭到宗室諸王的一致反對。於是，各路諸侯王紛紛發兵討伐司馬倫，史稱「八王之亂」。

八王之亂持續了 10 多年，死傷數以 10 萬計，對國家造成了巨大損失。東海王司馬越成為最後的贏家，他擁立晉懷帝司馬熾，使之成為傀儡皇帝，自己獨攬大權。可是，司馬越還沒來得及細細品味權力的美好，新的問題就來了——各少數民族政權紛紛崛起。

少數民族政權的崛起

西晉時期，大量少數民族遷徙到中原，與漢族雜居。他們中的許多人都曾遭到西晉官僚的迫害與羞辱，當西晉爆發「八王之亂」時，這些少數民族便趁機起兵。其中，南匈奴單于劉淵集結匈奴力量，在今天的山西建立割據政權。由於少數民族紛紛加入，劉淵的力量越來越強大。

赤石脂塗牆
為了顯示自己家的富裕，直接用赤石脂來塗抹牆壁。

堆積如山的蠟燭
石崇家做飯直接拿蠟燭當柴燒。

飲酒的賓客
名士們正在享受美酒佳餚。

婢女

石崇
洛陽城內最有名的大富豪。

抱甕溫酒
當時的門閥士族喜歡讓人抱著酒，用體溫將酒變暖。

珊瑚樹
從海底取出的珊瑚，裝點成一株小樹，在當時極其名貴，但石崇家卻有很多。

身著綾羅細紗的小...

石王鬥富

　　石崇是西晉時期的大富豪，他做官期間搜刮民脂民膏，收藏了很多奇珍異寶。為了炫耀財富，他修建了金谷園，種滿奇花異草，豢養眾多歌女，整日歌舞昇平。而晉武帝的舅舅王愷不服石崇炫富，想和他比試。於是他用糖水洗碗，做紫絲布步障，長達 40 里。石崇也不甘示弱，讓廚師用蠟燭當柴火做飯，用上等香料刷牆，做錦步障50 里。王愷不肯認輸，又向外甥晉武帝求援，晉武帝將宮中 2 尺多長的珍貴珊瑚樹送給王愷。

　　王愷拿著珊瑚樹向石崇炫耀，沒想到石崇隨手將其打碎，不屑地說：「這沒什麼，我賠你個更好的。」隨後，石崇從家裡拿來很多珊瑚樹讓王愷挑選。王愷震驚了，石崇家藏的珊瑚樹更高大，光彩奪目，世間罕見。至此，王愷甘拜下風，不再和石崇比富了。

爭論經學的儒生
西晉時期討論儒家經典的儒生分成好幾個學派，互相爭論不休。

餓死街頭的窮人
富人奢華無度，而窮人卻吃不起飯，餓死者甚多。

擲果盈車
潘安每次出門，都會有人往他的車裡拋水果，以表達喜愛之情。

香料刷牆
為了顯示自己家有錢，石崇命僕人用昂貴的香料塗刷牆壁。

討論玄學的士人

五胡內遷

潘安
當時的「天下第一美男子」

圍觀的婦女

王愷
王愷是晉武帝司馬炎的舅舅，也是當時的大富豪，非常喜歡與石崇比誰更富有。

八百里駁

糖漿

乾棗

胡人

士族階級

到了西晉，當年曹丕制定的九品中正制的選官制度已經面目全非，人才的選拔為世家大族所操控。他們選拔人才只看中門第，不再注重能力和口碑。士族階級往往能因自己的品級，獲得惠及自己親朋好友的特權。因此，西晉逐漸出現了「上品無寒門，下品無士族」的局面。而西晉皇室需要倚仗士族官僚的支持，所以，他們雖然憂患眼前這種選官制度，但只能視而不見。不公平的人才選拔制度成為西晉統治短暫的重要原因。

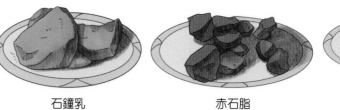
石鐘乳

赤石脂

紫石英

白石英

石硫磺

五石散

五石散又稱寒食散，是將五種礦石混合製成的一種藥物。五石散如同今天的毒品，人們服食後不僅會上癮，而且會渾身燥熱、神情恍惚，嚴重時會致命。許多人為了追求這種恍惚的快感不計後果，大量服食五石散。

由於五石散的流行，西晉的士大夫甚至連帝王將相也開始服用，這促使魏晉時期士人們的生活作風進一步腐化、頹廢。

陳壽與《三國志》

陳壽是三國時期蜀漢的官員，曾因為不肯依附宦官黃皓而遭受排擠、打壓。蜀漢被晉滅亡後，陳壽將自己編寫的《諸葛亮集》進獻給西晉朝廷，大獲好評，被任命為著作郎。

之後，陳壽用了10餘年編撰出《三國志》一書，將曹魏、蜀漢、孫吳三個政權的歷史分別進行了編輯、整理，以魏為正統記錄了自漢末至晉初中國由分裂走向統一的歷史，為後世研究三國時期的歷史留下寶貴的資料。

清談風氣盛行

西晉朝廷十分在意知識分子的言論。西晉建立不久，政變和動亂不斷，士人更加不敢隨意評論時局。平日裡，士人只能談論古籍、經文、玄學等，社會上興起一股「清談之風」。

清談流行，使人們很少關心國家大事，致使朝政日益腐敗、人心渙散，社會更加動盪。

讓洛陽紙貴的左思

左思是西晉時期的著名文學家。他長相醜陋且笨嘴拙舌。他的父親常對外人說，左思還不如自己小時候聰明。

備受打擊的左思沒有自暴自棄，反而更加發奮讀書、鑽研學問，最終成為一代文學大師。他曾經構思 10 年，寫了一篇《三都賦》。因為文章寫得太精彩了，人們競相傳抄，導致洛陽城內的紙張價格都漲了。從此，人們用「洛陽紙貴」來形容那些具有超凡造詣的文學作品。左思是當時以文才聚於賈謐門下的「二十四友」之一。

擲果盈車的潘安

潘安，原名潘岳，是西晉時期的文學家、政治家。他相貌俊美、聰穎過人，自幼便有「奇童」的美譽。成年後，他來到洛陽當官，街上的女子見相貌俊美的潘安乘車經過，紛紛向他的車內拋擲水果，以表達對他的喜愛和傾慕。

到洛陽後，潘安很快融入上層社會，時常到大富豪石崇的金谷園聚會飲酒，成為當時著名的「二十四友」之一。

潘安

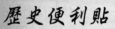

歷史便利貼

馬鐙

在西晉到南北朝期間，一種名為馬鐙的工具出現，並被廣泛應用。這個小小的發明，使人們騎馬時雙腳能夠得到支撐，從而坐得更穩。從軍事的角度來說，馬鐙的最大功能是解放了雙手，騎兵的戰鬥力由此得到極大的增強。或許，馬鐙的發明也是匈奴人能夠順利滅亡西晉的原因之一。

9

東 晉

（317 年—420 年）

316 年，西晉滅亡，北方從此進入十六國時期。317 年，司馬睿在南方重建晉朝，史稱東晉，形成南北分裂的格局。東晉與十六國並存，彼此征戰不斷，民不聊生。

東晉統治區域與西晉相比大為縮小，基本上在淮河以南、漢水的下游和巴蜀盆地以南的區域。

東晉對中國文化的發展有重要貢獻，儒學、道教、佛教發展迅速。各領域人才輩出，如王羲之、顧愷之、陶淵明等。

420 年，權臣劉裕廢掉晉帝，建立劉宋，東晉滅亡。

牧民

絲綢之路上的商人

司馬睿

東晉王朝的建立者，史稱晉元帝。

胡人

德清窯黑釉雞首壺

放牧

王敦
東晉權臣，曾經輔佐
晉元帝即位，後來又
圖謀篡位。

胡人

王羲之

陶淵明
中國田園詩派創始人，
著名隱士、詩人。

牛車

東晉僧人

淝水之戰
東晉用 8 萬士兵擊敗了
前秦的「百萬大軍」，
是中國歷史上以少勝多
的著名戰役。

顧愷之
東晉著名藝術家，畫技出神
入化，號稱「三絕」。

安撫流民

河

渤海

墾荒
南方各地的士族、軍閥
時常主動招攬流民，讓
他們去開墾荒地。

前　秦

東海

金山寺
修建於晉明帝時期
的一座著名佛寺，
《白蛇傳》中「水
漫金山寺」的原型
便指這裡。

長安

江州

淝水

鎮江

無錫

建康

蘭亭　紹興

衣冠南渡
少數民族占領北方之後，
西晉士族紛紛逃到南方，
史稱「衣冠南渡」。

《蘭亭集序》裡的蘭亭

東　晉

富足的東晉莊園

梁祝

南海
（漲海）

◎　都城
- - - 政權部族界
——　今國界

註：晉太元七年，
前秦建元十八年
（382 年）。

11

劉淵建漢

劉淵

劉淵是南匈奴的貴族，從小仰慕漢文化，學習詩、書、禮、樂。他文武雙全、才氣過人，一心報效祖國。然而，因為劉淵匈奴人的身分，西晉朝廷對他十分戒備，不給他立功升遷的機會，還對他進行打壓。

「八王之亂」期間，劉淵伺機逃回匈奴，集合匈奴五部人馬，宣布反晉自立，建立漢政權。後來，劉淵的侄子劉曜先後攻破洛陽和長安，滅亡了西晉王朝。後來，劉曜改國號為「趙」，史稱前趙。

石勒

石勒開國

石勒原本是羯族部落的首領。西晉時期，一些地方官員四處抓捕少數民族百姓，將他們當作奴隸販賣換取錢財，石勒也遭此不幸。

不過，奴隸生涯並未磨滅石勒的雄心壯志，他伺機加入劉淵的軍隊，當上首領後率領大軍南征北戰，立下赫赫戰功。319 年，石勒奪取政權，史稱後趙。

頑強的慕容鮮卑

慕容鮮卑是鮮卑部落的一支，因其首領姓慕容而得名。慕容鮮卑原本生活在中國的東北地區，後趁中原混亂，大舉南下，建立了前燕政權。

前燕政權為氐族人建立的前秦所滅，慕容鮮卑的族人數次復國，先後建立了後燕、西燕、南燕等多個政權，是東晉時期北方少數民族中最頑強的一支。

369 年　桓溫第三次北伐

383 年　淝水之戰

399 年　孫恩、盧循之亂

402 年　桓玄反叛，攻陷建康

404 年　劉裕鎮壓桓玄

420 年　東晉滅亡

王與馬，共天下

西晉的滅亡，使整個南方地區陷入險境。東晉開國皇帝司馬睿為了保全殘破的半壁江山，重用當時的名門望族——琅琊王氏，以便在政治上依靠王導，軍事上依靠王導的堂兄王敦。這使得王氏一族權勢滔天，當時有「王與馬，共天下」的說法。這句話裡的「王」是指琅琊王氏，「馬」是指皇族司馬氏。

後來，王氏一族因造反失勢，但琅琊王氏仍是江左高門，官居顯要。整個東晉時期，朝廷的權力從未集中到皇帝手上。「王與馬，共天下」是整個東晉王朝的寫照。

王敦

司馬睿

中流擊楫的祖逖

祖逖（ㄊㄧˋ）是北方地區的世家大族後代。據說，他年輕時志在報效朝廷，半夜聽到雞叫便起身舞劍，從不懈怠。這就是「聞雞起舞」一詞的由來。後來西晉滅亡，北方淪陷，祖逖帶著家人逃到南方，但他收復失地的決心從未改變。

當時，司馬睿剛在南方落腳，形勢未穩，對收復中原並不迫切。祖逖自行招募一支軍隊北上。在渡過長江時，祖逖用船槳拍打江面，慷慨激昂地說：「如不能掃清中原、恢復社稷，我便如同這江水一樣，誓不再回江東！」

祖逖帶著隊伍來到江北，經過幾年艱苦戰鬥，收復了部分失地。然而，祖逖收復中原的決心和行動始終沒得到東晉朝廷的支持，北伐大業功敗垂成，祖逖也憂憤而亡。

賢相謝安

謝安是東晉時期有名的賢士。他多才多藝，性情溫和，處事果斷，在朝野內外聲望很高。

當時，東晉大將軍桓溫野心很大，他揚言：「就算不能流芳百世，也要遺臭萬年。」當時朝中官員，要麼巴結桓溫，要麼畏懼桓溫，只有謝安對桓溫不卑不亢，讓桓溫十分忌憚，最終沒有謀朝篡位。

桓溫死後，謝安成為東晉宰相，他盡心盡力地輔佐孝武帝，在淝水之戰中以少勝多，為東晉贏得幾十年的和平。

據說，當淝水之戰的戰報送到東晉時，謝安正在與人下棋。他看過戰報後將其放在一邊，繼續下棋。客人忍不住問他：「發生了何事？」謝安淡淡地說：「沒什麼，孩子們把敵人打敗了而已。」

客人走後，謝安興奮地手舞足蹈，把自己木屐上的屐齒撞掉了都不知道。

淝水之戰
秦
秦
晉

苻堅　王猛

戲劇化的淝水之戰

383 年，前秦君主苻堅集結了百萬大軍，並親自率軍南下征討東晉。東晉宰相謝安則派自己的弟弟謝石和侄子謝玄等率領 8 萬士兵迎戰。

在洛澗的激戰中，東晉擊敗了前秦 5 萬大軍，極大地鼓舞了士氣。隨後兩軍主力趕到，隔著淝水對峙。

謝玄派遣使者面見苻堅，希望秦軍後退一些，讓東晉軍先渡過河，雙方再決戰。苻堅認為秦軍可以假裝後撤，等晉軍渡河至一半時，再突然進攻，便答應了謝玄的要求。然而，秦軍剛一後撤，後面就有人大喊：「秦軍敗了，秦軍敗了……」。於是，本就不願打仗的士兵信以為真，紛紛逃跑。龐大的軍隊因為一句謠言，大亂陣腳，不擊自潰。

而東晉軍趁機渡過淝水，追擊秦軍。前秦君主苻堅身中一箭，狼狽逃回北方。

此戰之後，前秦政權迅速土崩瓦解，北方再度陷入混亂。

東晉的滅亡

淝水之戰後，獲得暫時安定的東晉再次陷入內部的爭權奪利。402 年，桓玄起兵反叛，攻破建康。403 年，桓玄奪取了皇位，改國號為「楚」。

在劉裕等人的努力下，桓玄之亂被平定，但東晉皇族已經失去對國家和軍隊的掌控。不久，曾經親手平定桓玄之亂的劉裕反叛，逼迫東晉皇帝讓出了皇位。

苻堅與王猛

東晉時期，中國北方各族先後建立了多個政權。其中，氐族人的一支來到當時的關中平原地區，建立了前秦政權。

當時，關中來了一位賢人王猛。他出身貧寒，但博覽群書，精通兵法並擅長謀略。經人推薦，王猛結交了前秦貴族苻堅，兩人一見如故。

後來，苻堅成為前秦君主，在王猛等人的輔佐下掃平群雄，統一了北方。苻堅常常將自己和王猛之間的關係比作劉備與諸葛亮的關係。可惜王猛因積勞成疾，重病不愈。他告誡苻堅，一定要先安定內部，不要出兵討伐東晉。而苻堅卻在王猛死後，集中全國兵力南下征討東晉，最終戰敗。

桓玄

被門閥政治籠罩的東晉

隨著北方江山的淪陷，逃到江南的東晉皇室，為了保住南方的半壁江山，只能依賴名門望族，不斷給予這些士族更多的權力和更高的地位。如此，南方士族的勢力越來越強大，進而形成了門閥政治——朝廷官員的任用完全取決於門第。出身貧寒的底層民眾基本上被拒於朝堂之外。

因此，東晉時期社會兩極分化非常嚴重。一方面，世家子弟過著悠閒舒適的日子，既不為生計發愁，也不為朝廷操心；另一方面，貧窮、饑餓的底層百姓要麼淪為流民，要麼成為佃客，整日勞作不息，不得一日安寢。

開墾荒地的佃客

逃跑被抓的佃客

逃難的流民

烤肉

吟詩論道的士族

曲水流觴

將酒杯放在彎曲的河流上，讓它順流而下漂到下游處的文人手中，酒杯到誰的面前，誰就得作詩一首並飲酒。

16

深山中的隱士

互相指責的士族
東晉的士族中，有些
是南方本地人，有些
是從北方逃難過來
的，他們之間經常產
生分歧和矛盾。

四處遊玩
當時的許多士族子弟
無所事事，便到處遊
山玩水，踏青訪友。

練習武藝的青年
仍然有一些青年想著
收復北方失地，每日
勤奮練武。

觀看白鵝的書法家
有些書法家透過觀察鵝的
體態、形態來揣摩練字神
韻。

服侍貴族的童子

服用丹藥
當時十分流行煉製丹藥，包括五石散
在內的各種「仙丹」，是這些有錢士
族的最愛。

白鵝

17

王羲之

「書聖」王羲之

王羲之出身於東晉名門世家琅琊王氏，自幼喜好書法。據說，他小時候每次練完字都會在自家的池塘中清洗硯臺，久而久之，整個池塘都變成了黑色，被人們稱爲「洗硯池」。

長大後的王羲之寫得一手好字，舉世無雙。據記載，東晉永和九年三月三日，王羲之與謝安等名士在山陰蘭亭聚會修禊（ㄒㄧ）、飲酒作詩，恰巧有人請他作篇序，於是便有了文采和書法雙絕的《蘭亭集序》。《蘭亭集序》被後世譽爲「天下第一行書」，成爲歷代書法家與收藏家眼中的「聖物」。

據說，王羲之酷愛白鵝。他認爲養鵝不僅能陶冶情操，還能從鵝的動作中領悟到一些書法的要領。有一次，他外出遊玩，見到一群美麗的白鵝，十分喜歡，便打算買下牠們。鵝的主人得知他是大名鼎鼎的王羲之後，提出讓他抄錄一部《黃庭經》來交換這群白鵝的要求。王羲之欣然應允，留下了「白鵝換書」的佳話。

陶淵明的世外桃源

陶淵明是東晉時期的名士、文學家。他出身於官宦世家，幼時喪父，度過了一段貧苦的日子。後來，陶淵明做了官，因不滿上層貴族驕奢淫逸的腐敗而辭官歸鄉，過起田園生活。他曾作詩云：「採菊東籬下，悠然見南山。」從詩句來看，陶淵明沒有因爲生活貧困而自暴自棄，反而有著幾分悠然自得。

陶淵明在其作品《桃花源記》中，幻想世間有一個名爲「桃花源」的地方。那裡沒有憂愁、沒有煩惱、沒有沽名釣譽、沒有勾心鬥角，人人都生活得自由、快樂，彷彿置身於天堂。陶淵明之所以嚮往這樣美好的地方，或許正是因爲現實世界難尋這樣的去處。

陶淵明

顧愷之有「三絕」

顧愷之是東晉時期的名士，人稱「三絕」，即「才絕」、「畫絕」與「癡絕」。其中，「才絕」指的是他知識淵博、才氣過人。顧愷之擅長詩詞文賦，一般文人根本比不上他。「畫絕」指的是他的畫作天下第一，無人能比。他曾經畫過的《洛神賦圖》，是根據三國時期著名文人曹植《洛神賦》中所描述的場景繪製而成。這幅畫現在被譽為中國十大傳世名畫之一。縱使才氣縱橫，顧愷之有時卻會表現出癡癡呆呆的樣子。大將軍桓溫的兒子桓玄曾經遞給顧愷之一片柳樹葉說：「你用這片柳樹葉遮住自己，別人就看不到你了。」顧愷之信以為真，如獲至寶，竟把樹葉拿回家珍藏起來。這件事成為當時的笑談，也是顧愷之成為「癡絕」的由來。

山水詩人謝靈運

謝靈運是淝水之戰功臣謝玄的孫子，自幼博覽經史，文采過人，年紀輕輕便繼承了家族的爵位，被封為康樂公，著有《遊名山志》。

謝靈運喜愛遊歷山水，造訪了不少名山大川。為了登山方便，他發明了一種特殊的「登山鞋」。這是一種前後齒可裝卸的木屐，穿上後，上山下山都能省不少力氣。這種鞋被後世稱為「謝公屐」、「靈運屐」。

謝靈運在雲遊時寫下了不少描繪自然美景的詩句，成為後世山水詩派的鼻祖。他為人驕傲自負，覺得誰也比不上自己的才華，唯獨信服三國時期的著名文人曹植。他曾經說，假設天下的文才共有一石（一石是十斗），那麼曹植一個人獨占八斗，他自己占一斗，其餘的文人共分一斗。這就是「才高八斗」一詞的由來。

過始寧墅（節選）

岩峭嶺稠疊，
洲縈渚連綿。
白雲抱幽石，
綠篠媚清漣。

謝靈運

牧民

柔然人

南北朝時期，生活在蒙古
高原的游牧民族，他們時
常與北朝發生戰爭。

柔　　　然

六鎮

北魏為了防範來自北方
游牧民族的攻擊，在北
部邊境地區設立了六個
重要軍鎮。

莫高窟

始建於前秦時期的石窟，
其内保存著大量的壁畫與
彩塑，是中國古代藝術的
瑰寶。

莫高窟

北

魏

拓跋燾

◎平城

黃

渤

戰爭頻發

府兵制

西魏時期創建的
一種兵農合一的
徵兵制度。

畫家

建

宋

兵戶與部曲

南北朝最初採用的是世兵制度，被選拔
為兵戶的家庭，必須世世代代當兵。由
於連年戰爭的消耗和士兵的逃亡，軍隊
兵源不足。於是，士族紛紛組建自己的
私人武裝，被稱為「部曲」。

劉裕像

佛教昌盛

由於頻繁的戰爭，
百姓開始轉而信仰
佛教。

富人

長

南　海

(漲海)

雕刻塑像的匠人

南北朝

（420 年—589 年）

　　420 年，東晉權臣劉裕取代東晉政權，建立劉宋。此後，南方相繼出現了宋、齊、梁、陳四個政權。在北方的混戰局面中，拓跋珪於 386 年，建立了以鮮卑貴族為首的北魏政權。此後 100 多年間，北方先後經歷了北魏、東魏、西魏、北齊和北周五個朝代，稱為北朝。南北方勢均力敵，由此形成了一南一北兩個政權並存的局面，後人將這一時期稱為南北朝時期。

◎ 都城
-- 政權部族界
—— 今國界

註：宋元嘉二十六年，
　　魏太平真君十年
　　（449 年）。

南北朝佛像

歷史便利貼

卻月陣

　　卻月陣是劉裕北伐時發明的一種軍事戰法。當時，南朝的軍隊缺少馬匹，無法與北方少數民族的騎兵抗衡，這種戰法利用戰船、戰車與步兵之間的配合，對抗敵人的騎兵衝擊，戰果顯著，是中國歷史上以步克騎的典範。

「不甘平凡」的劉裕

　　東晉末年，出身貧寒的劉裕迫於生計成為北府兵中的一員，後因立下赫赫戰功，成為東晉權臣。

　　當時，北方各民族政權還在混戰。東晉的官僚士大夫大多想偏安一隅，唯有劉裕不願苟安，他立志收復中原。409年劉裕第一次北伐，於次年消滅了南燕政權，收復了今天的山東地區。

　　417 年，劉裕第二次北伐，消滅了後秦政權，收復了關中地區。兩次北伐的成功使劉裕威望極高，成為無數人心中的英雄。在眾人的擁戴下，劉裕於 420年取代東晉政權，建立劉宋政權。

「自毀長城」的劉義隆

　　宋文帝劉義隆是宋武帝劉裕的第三子。他在位期間，專注內政，使南朝國力顯著增強，史稱「元嘉之治」。可是，擅長治國的劉義隆在軍事方面遠不及當時北魏的皇帝拓跋燾。

　　在數次交戰中，劉義隆總是吃虧。劉宋全靠能征善戰的大將檀道濟才勉強與北魏抗衡。可是，劉義隆很忌憚檀道濟出色的軍事才能。在小人的挑唆下，劉義隆處死了檀道濟。檀道濟臨死時憤怒地吼道：「你這是毀壞自己的萬里長城啊！」

　　後來，北魏皇帝拓跋燾發兵進攻，將劉宋軍隊一路逼至長江邊。劉義隆追悔莫及，被迫求和。

雄踞北方的拓跋族

拓跋鮮卑原本只是北方一個弱小的游牧部落，在拓跋珪的帶領下迅速崛起，占領中國北方的大片地區，建立了北魏政權。

拓跋燾即位，史稱北魏太武帝。他自幼聰慧大度，擅長用兵，在位時進一步推行漢化措施，促進了民族交融，也增強了北魏的實力，最終消滅了胡夏、北燕、北涼等多個政權，使北方重歸統一。

拓跋燾還多次與南朝的劉宋政權發生征戰，奪取大片土地，奠定了此後北強南弱的格局。然而，拓跋燾晚年變得極其暴躁，經常無故殺人，殺完後又後悔。最終，他身邊的太監因為擔心被殺，先將拓跋燾殺死。

孝文帝推進漢化

北魏統一北方後，吸納了許多漢族士大夫。後來，漢族的士大夫與鮮卑貴族發生政見分歧。在治國理政方面，是採用漢人的辦法，還是採用鮮卑人的辦法，是擺在北魏統治者面前的一道難題。

471 年，北魏拓跋宏即位，史稱孝文帝。當時拓跋宏尚年幼，權力由其祖母馮太后掌控。馮太后是漢族人，她一心推廣漢文化。她鼓勵鮮卑人使用漢語、穿漢服、改漢姓、與漢人聯姻，對年幼的孝文帝產生重大影響。

馮太后病死後，孝文帝掌握政權。他繼承了祖母的遺志，全面推行漢化改革，要求鮮卑貴族都改用漢姓，自己也從姓「拓跋」改姓「元」。此外，他還更改了官制、田制，使北魏政權更加穩固。這些改革措施極大地促進了民族交融，為後世做出巨大貢獻。

歷史便利貼

遷都洛陽

北魏的都城平城（今山西大同），靠近草原，不利於孝文帝推廣漢化改革。孝文帝又怕遷都會引起群臣反對。於是，他假裝對大臣們說，自己要南下親征齊國。準備就緒後，他帶領群臣和軍隊向南進發，行進到洛陽附近時，孝文帝突然說，要不這次不進攻齊國了，就留在洛陽吧。

大臣們本就不願意打仗，聽到此消息都很高興。孝文帝就這麼神不知鬼不覺地將首都從平城遷到了洛陽。

白袍將軍陳慶之

陳慶之

524 年，北魏爆發六鎮之亂，原本保衛北方邊境的六鎮士兵因常年遭受不公正待遇而發起暴亂。

趁北魏陷入內亂，南方的梁國又一次發動北伐。面對北魏這樣強大的對手，即便率領數十萬人的軍隊，都不能確保勝利，而這支只有 7000 人的北伐軍隊卻創出 47 戰連勝戰績，攻克了北魏都城洛陽。

創造這一奇蹟的軍隊統帥是陳慶之，他與他的部下都身穿白袍上戰場。當時北魏民間就有傳言：「名師大將莫自牢，千軍萬馬避白袍。」

四度出家的梁武帝

梁武帝蕭衍是南梁的開國君主，他年輕時勵精圖治，勤於政事，使南梁和北魏勢均力敵。但漸漸地，梁武帝變得不理政事，崇信佛教，下令修建大量廟宇佛寺，還向寺廟捐贈大批財物。突然有一天，梁武帝竟然出家了。有人告訴群臣，透過捐錢的方式可以贖回皇帝。國不可一日無主，於是，眾臣籌集了大量錢財將梁武帝贖回。沒過多久，梁武帝又出家了，大臣們再次捐錢贖回他……，這種出家、捐錢、贖回的「遊戲」一共玩了四次，使南梁朝廷疲憊不堪。

不久，東魏降將侯景勾結蕭正德謀反，進攻南梁都城建康。侯景奪下建康城後，將梁武帝活活餓死。

宇文泰

高歡

第二次「三國鼎立」

經過六鎮之亂和陳慶之北伐後，北魏朝政混亂不堪，政治上，權臣高歡和宇文泰實力最強，他們先後挾持了北魏皇族元修，使其成為傀儡皇帝，繼而使北魏政權分裂為高歡控制的東魏和宇文泰控制的西魏。

為了爭奪正統地位，高歡和宇文泰交戰多年，勝負難分。高歡死後，其子高洋建立了北齊；而宇文泰的兒子宇文覺建立了北周。

此時，南方陳霸先奪取南梁的皇位，建立南陳。中國再次進入「三國鼎立」的時代。

周武帝滅佛

北周的第三位皇帝周武帝掌權時，佛教已經十分盛行。由於出家人不用耕田種地，主要靠化緣和他人捐贈維持生計，不用向國家繳納賦稅，所以，很多百姓為了避稅選擇出家，這使國家失去了寶貴的勞動力和稅收來源。

一心要統一天下的周武帝不能容忍這種情況。他下令沒收寺廟財產，勒令僧人還俗，搗毀佛像，禁止舉辦宗教祭祀……，藉由一系列的舉措，北周的國庫逐漸充裕起來，徵兵也更容易了。

577 年，周武帝消滅北齊，統一北方。他想繼續完成一統天下的抱負，卻突然生病，英年早逝。

周武帝死後不久，北周權臣楊堅奪取皇位，建立了隋朝。

楊堅

圈養馬匹的牧場

教授儒學的老師

穿著漢服的鮮卑人

步兵

精銳的鮮卑騎兵
由鮮卑人組成的精銳騎兵
部隊，是北魏軍隊的主力。

廣為流傳的佛教

南北朝時期，佛教進入發展的黃金時期。頻繁的戰爭及門閥政治使底層百姓長期身處水深火熱之中，佛教逐漸成為百姓的精神寄託。人們寄希望於這輩子的吃苦換取來世的享福，甚至連梁武帝也信奉佛教。一時間，各種寺廟、石窟紛紛出現，佛教文化影響著千家萬戶。

雕刻中的石窟
北魏時期流行在山崖、石窟之中雕刻與繪彩，雕琢出的佛像渾然天成，極其壯美。

受人尊敬的法師
佛教在南北朝時期非常盛行，那些德高望重的僧人被稱為「法師」。

等待剃度的弟子

來自六鎮的鮮卑人

核查人口的官員

被核查的士族

劃分土地的官員

領取耕牛的人

北魏孝文帝推行改革後，在國內實施均田制，分配田地給百姓。

遞交稅款的商人

絡繹不絕的商隊

民族交融

　　鮮卑人建立的北魏政權結束了十六國以來分裂割據的局面，各民族間的戰爭逐漸減少。內遷的北方各族人民與當地人錯居雜處，他們相互學習，民族間的隔閡與偏見逐漸減少。北魏朝廷大力推行漢化的措施，使少數民族與漢族之間的通婚變得非常普遍，不同文化也開始相互取長補短，為日後的隋唐盛世奠定了基礎。

塢堡

部分北方士族修建堅固的城堡，來抵禦偷盜和入侵。這些城堡被稱作「塢堡」。

被株連的家人

犯下大罪的士族，他們的家人也無法幸免。

遭到逮捕的士族

北魏對士族的打擊很嚴厲，所有威脅到鮮卑貴族利益的士族都會被打壓。

27

宣揚佛法的菩提達摩

菩提達摩是古印度的佛教徒，曾遊歷過印度半島的許多國家，在佛教界享有盛名。南北朝中期，菩提達摩來到中國，想在中國境內弘揚佛法。

菩提達摩到達中國後，首先去了南梁，得到梁武帝的親自接見。梁武帝一生信佛，自認爲深明佛理，可是菩提達摩與其交談後，發現梁武帝並沒有眞正領悟佛法的眞諦，不久後便前往北方。

在北方，菩提達摩收了不少弟子，他宣講自己對佛學的理解，極大促進了當時宗教思想的傳播。後來，菩提達摩的佛學思想在其弟子們的努力下，形成了符合中國特色的宗派——禪宗。

酈道元與《水經注》

酈道元是北魏孝文帝時期的一名官員，又是孝文帝改革的得力助手，因執法嚴謹、鐵面無私聞名，但後來被奸人所害。

比起做官，酈道元在地理方面的成就更加顯著。酈道元年輕時，曾立志要爲西漢時期的一部記述河流水系情況的著作《水經》作注。爲此，酈道元援引了大量歷史文獻，親自遊歷、考察了許多地方，寫出《水經注》一書。

《水經注》全書共 40 卷，30 萬字左右，記載了 1252 條河流的源頭、河道、支流、水文、地形、氣候、土壤、物產，以及與河流相關的歷史遺跡、風土人情等，是一部綜合性的地理學著作。同時，它也是一部山水散文集，文字優美，對景物的描寫如詩如畫，對後世遊記散文的發展有很大影響。

酈道元

綦毋懷文發明灌鋼法

傳說，東魏和西魏交戰時，東魏權臣高歡接到通報說，綦（ㄑ）毋懷文拿著一把寶刀要見他，並宣稱這把刀能一次斬斷 30 層鎧甲。

高歡不相信，讓士兵搬來 30 具鎧甲疊在一起，請綦毋懷文當場試驗。綦毋懷文手起刀落，30 具鎧甲被一刀斬斷。高歡驚訝不已，因而綦毋懷文仕於高歡。

後來，他將自己煉刀的方法和技術推廣出去，這便是歷史上赫赫有名的灌鋼法。用這種方法製造出來的「宿鐵刀」，材質堅韌、削鐵如泥，是中國歷史上著名的武器。

祖沖之

《齊民要術》

俗話說，民以食為天，對古代的中國人而言，沒有什麼比農業更重要了。地種不好，就會挨餓，一旦遭遇饑荒，就有可能天下大亂。

南北朝時期的賈思勰（ㄒㄧㄝˊ），透過對已有農業知識的分析與整理，並結合自己在生產實踐中的豐富經驗，編寫了一部講述農業知識的專著《齊民要術》。

這部著作共 10 卷 92 篇，內容包羅萬象，涉及土壤整治、施肥、精耕細作、防旱防澇、選種育種、農作物的栽培、果蔬的培植和嫁接、牲畜的飼養和醫治、食品的加工與儲藏、野生植物的利用等。這部書對百姓的生產、種植有著重要的指導意義，對日後農業的發展產生了深遠影響。

賈思勰

祖沖之與「祖率」

南北朝時期的祖沖之是世界上首位將圓周率計算到小數點後 7 位的數學家，領先其他國家近千年。

祖沖之在前人的基礎上，經過反覆演算，最終得出圓周率的數值介於 3.1415926 和 3.1415927 之間。這一精確的數值被後人稱作「祖沖之圓周率」、「祖率」。

隋　朝

（581 年—618 年）

　　581 年，北周權臣楊堅建立隋朝，定都長安。楊堅即隋文帝。589 年，隋朝滅掉南方的陳朝，統一了全國，結束了南北朝長期割據混亂的局面。

　　隋朝時期疆域東、南到海，西至新疆東部，西南抵雲南、廣西和越南北部，北達大漠，東北至遼河。

　　隋文帝重視民生，發展經濟，使社會穩定、人民安居樂業，開創了「開皇之治」的繁榮穩定局面，使隋朝建立之初便擁有強盛的國力。而楊廣即位後，開鑿運河、營建東都、修築長城、征伐高麗，加重了人民負擔，各地民變和叛亂頻繁，加速了隋朝滅亡。

西

突

牧民

進攻吐谷渾

吐谷渾是鮮卑人在青海、甘肅地區建立的政權。

隋代獸紋鑄字銅鏡

河北崇光寺阿彌陀佛大理石像

難民

大興善寺

隋唐皇家寺廟。

突厥

突厥牙帳 ◎

東　厥

羊群

契丹

突厥
隋唐時期在蒙古高原上崛起的游牧民族，是隋朝的大敵。

三征高麗
由於好大喜功，隋煬帝曾經三次遠征高麗，每次都出動上百萬大軍。

大興城
隋文帝在西漢長安城的東南面修建了一座大興城，作為都城。隋朝之後的「長安」基本都是指大興城。

趙州橋

涿郡 ◎

河

渤　海

隋

隋文帝楊堅

東都 ◎

山陽

盱眙

江都

餘杭

東

海

隋朝建築

難民

大運河
隋煬帝徵集數百萬民夫，開鑿了一條溝通南北的大運河，史稱隋朝大運河，為後世帶來極大的便利。

人民起義

南　海
（漲海）

◎　都城

－－　政權部族界

——　今國界

註：大業八年（612年）。

31

終結亂世的隋文帝

隋文帝楊堅原本是南北朝時期北周的大臣，其女是北周太后，他以外戚的身分掌管北周朝政。楊堅看準時機奪取了北周皇位，建立隋朝。

儘管得到皇位的手段不那麼光彩，但楊堅卻是一位有作爲的皇帝。他在位時，勤於朝政、崇尙節儉、銳意改革且眼光獨到，具有雄才大略，在文治武功方面都功績顯赫。

隋文帝執政時期，多次下令減免賦稅，減輕人民負擔。此外，大修倉庫、囤積糧食等舉措，使隋朝國力蒸蒸日上，史稱「開皇之治」。

好大喜功的隋煬帝

604 年，隋文帝駕崩，太子楊廣即位，史稱隋煬帝。隋煬帝執政初期，隋朝國力處於巔峰。

隋煬帝野心勃勃，一心想要建立猶如秦皇漢武那樣的偉業。他大興土木，營建東都，四處攻伐，並要求建造一條溝通南北的大運河。

全國的百姓都被迫從事無比艱辛的勞役，在此期間，累死、餓死的人不計其數。隋煬帝卻四處遊山玩水，眼中只有父親留給自己的大好河山，無視底層百姓的慘狀，激起人民的反抗，使隋朝統治面臨危機。

三征高麗

大興土木已讓百姓疲憊不堪，生活難以爲繼，而隋煬帝仍下令出兵中國東北地區和位於朝鮮半島的高麗。

隋煬帝的父親隋文帝在位期間曾出兵征討高麗，以失敗告終。隋煬帝認爲，如果自己能征服高麗，就能證明自己比父親更強。於是，612 年到 614年間，他三次出兵征討高麗，每次動員的兵力多達百萬。如此龐大的軍隊，需要眾多的百姓爲他們運送衣甲、糧食。無窮無盡的勞役加劇了隋朝百姓的負擔。

隋朝的軍隊長途奔襲，士氣低迷，再加上指揮不當，在數次戰鬥中接連戰敗，死傷無數。長期戰爭造成政局不穩、調兵不暢，致使隋煬帝無力再戰。此時，連戰連勝的高麗人也疲於征戰，便派使者向隋煬帝請降。於是，贏得一場表面勝利的隋煬帝班師回國。

隋煬帝之死

因隋煬帝好大喜功和無法填滿的欲望，隋朝軍民被迫承受巨大的苦難。三次討伐高麗，民間耕種失時，官府侵逼，連年興兵帶來無盡的兵役及徭役，激發了社會矛盾，引發隋末民變。隋煬帝結束東征回到中原時，才發現國內形勢已難以挽回。此時，隋煬帝沒有想如何拯救衰敗瀕危的國家，反而帶著朝廷眾臣逃到江南地區避難。

618 年，隋煬帝被叛軍殺死，隋朝滅亡。

龍舟
隋煬帝乘坐的
龍船，極其高
大華貴。

隨行船隻
隨行的其他船隻，名字有「朱鳥」、
「蒼螭」、「白虎」和「玄武」等。

大運河通航了

　　古代的交通運輸工具主要有兩種，一是船，二是車。從便利
程度來說，船運因為利用了水流，比車運要省時省力；從運輸量
來說，一艘貨船能夠裝載的貨物往往等同於數十輛大車。所以，
人們為了運輸方便，會在各地開鑿運河，溝通河流。

　　隋朝大運河全長 2000 多公里，北抵涿郡（今北京），南至餘杭
（今杭州），連接了海河、黃河、淮河、長江和錢塘江五大水系，極
大地加強了南北地區的政治、經濟、文化交流，是中國古代南北交通
的大動脈，在中國歷史上發揮了巨大作用。

　　隋煬帝一生，做了不少興師動眾、勞民傷財的事情，然而他開鑿
大運河的舉措，卻為後世做出巨大貢獻。

從極盛走向衰亡

隋朝初期，由於隋文帝的勵精圖治，國家財政殷實、經濟發達、人口繁盛。短短 10 幾年的時間，隋朝便呈現一派盛世景象。可是，隋煬帝大興土木與出征高麗等勞民傷財的行為，迅速掏空了國家的財政儲備。最終，隋末危機爆發，狼煙四起，國家從鼎盛走向衰落。

存糧變軍糧

為了防備天災與戰禍，隋文帝在全國各地興建了多個巨大的糧倉，儲備了大量的糧食。隋煬帝時期，連年的征戰與勞役使百姓十分貧困。遇到天災人禍，朝廷也沒有開倉放糧，賑濟百姓。怒不可遏的百姓揭竿而起，隋文帝辛辛苦苦建立的糧倉，最終成為起義軍推翻隋朝所需的軍糧。

拉船的縴夫

被強行徵調而來的民夫，他們中有很多人被活活累死。

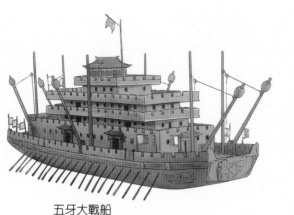

五牙大戰船

隋朝最大的主力
戰船，可容納士
兵 900 人。

趙州橋

千年不倒的趙州橋

趙州橋又名安濟橋，位於今天河北石家莊趙縣。這座橋梁由隋朝工匠李春設計建造，歷經千年至今仍保存完好，是世界上現存年代最久、跨度最大、保存最完整的單孔敞肩石拱橋。

這座橋的獨特之處在於它「敞肩拱」的結構設計，也就是在拱橋的兩端各設計了兩個小拱。這樣設計，既節省了石料，又增大了橋梁的過水能力。這是世界橋梁史上的首創，彰顯了中國古代勞動人民的智慧。

隋朝錢幣

展子虔

遊春圖

科舉制度

魏晉南北朝時期採用九品中正制作為選官制度，朝廷官員主要從世家大族中選拔。士族子弟不需要很高的學識便可以做大官；而出身貧寒的人，哪怕才華出眾也難身居高位。當時有一句話是「上品無寒門，下品無士族」，意思是品級高的官員裡，沒有一個來自貧寒家庭，而品級低的官員裡，沒有一個出身世家大族。

隋文帝廢除了這一選官制度，下令要通過考試來選拔官員，根據應試者的成績來確定官位的高低。如此，不學無術的士族子弟再也無法不勞而獲，才能出眾的寒門子弟迎來了大展拳腳的機會。

後來，隋煬帝又將這種通過考試選拔官員的制度進一步完善，成為正式的科舉制度。這一制度成為中國歷史上最重要的官吏選拔方式。

唐 朝
（618 年—907 年）

618 年，李淵建立唐朝，隨後消滅各地割據勢力，統一全國。

唐朝時期，經濟繁榮，政治穩定，包容、開放的風氣，促使對外經濟文化交流空前繁榮。唐朝的詩歌、哲學思想等，在當時對世界產生了深遠的影響，至今仍為人們所推崇。

唐朝前期疆域最廣，東至東海，西達鹹海，南到越南中部，北至西伯利亞。

安史之亂後，唐朝國力自此由盛轉衰。此後，藩鎮割據、宦官專權、朝堂黨爭、外敵入侵，內憂外患接踵而至。907 年，節度使朱溫取代唐朝，建立後梁，唐朝滅亡。

商人

阿拉伯商人
唐朝時期，眾多阿拉伯商人來到中國做生意。

安西四鎮

瑪瑙獸首杯

北庭都護府

文成公主
唐朝的文成公主入藏，嫁給吐蕃贊普松贊干布，帶去了中原地區的文化。

赤金走龍

唐三彩

雕版印刷術

昭陵六駿之一

玄奘

曲轅犁

放牧

突厥牙帳

突　厥

唐朝胡人

唐代士兵

火藥

唐朝軍隊

興修水利
唐朝的統治者十分重視農業
生產，在全國各地興修水利
工程，促進了國家的農業發
展。

日本僧人

平民

節度使
唐玄宗時期，為了方便對
外作戰，在邊境地區設立
了節度使，讓他們統管各
地軍政大權。

遣唐使
日本派遣到中國來的
「留學生」。

唐

黃　河

渤　海

唐代貨船

東

蕃

西京

李世民

邏些城

牛車

長　江

海

鑑真東渡
鑑真大師歷盡千辛萬
苦到達日本，在當地
傳播佛學。

洛陽
唐高宗將洛陽定為
「東都」，政治地
位與長安平等，武
則天時期一度將都
城遷至洛陽。

平民

都城
政權部族界
今國界

註：開元二十九年
　　（741 年）。

南　海
（漲　海）

39

李淵建唐

李淵是隋朝的一位重臣。隋朝末年，各地民變和叛亂不斷，天下大亂，李淵趁機出兵占領了長安。618年，李淵稱帝，建立唐朝，史稱唐高祖。

李淵登基後運用靈活的外交政策，任命自己的幾個兒子為將軍，四處征戰，同時招攬賢才，很快就基本平定了各地割據勢力。

玄武門之變

李世民是李淵的次子，在唐朝建立過程中，南征北戰，立下汗馬功勞。李淵冊封長子李建成為太子，兄弟幾人為爭奪權力明爭暗鬥。

626年六月初四，李世民在玄武門設下埋伏，趁哥哥李建成和弟弟李元吉經過玄武門入宮時，埋伏刺殺，又率兵闖入皇宮，逼迫父親李淵退位，自己即位。李世民雖透過殘酷的宮廷政變登上皇位，但歷史證明，他是一位英明有作為的君主。

貞觀之治

唐太宗李世民在位期間，吸取隋朝滅亡的教訓，勵精圖治，努力發展經濟，使國家安定，百姓過上安穩的生活。他十分注重選官用人，手下人才眾多。房玄齡精於謀劃，杜如晦擅長決斷，兩人共為輔弼，人稱「房謀杜斷」。魏徵直言敢諫，只要唐太宗犯了錯誤，魏徵都會當面指出。好幾次，唐太宗都惱怒地說：「朕要殺了這個田舍翁（鄉巴佬）！」聰慧的長孫皇后卻向皇帝道賀：「正因為君主開明，臣下才敢進諫啊。」唐太宗隨即轉怒為喜。

唐太宗在位期間出現的治世局面，政治清明、經濟復甦、文化繁榮、社會穩定、國力日盛，史稱「貞觀之治」。

唐太宗李世民

618年	626年	630年	640年	646年	657年	668年	690年	705年	712年
李淵稱帝，建立唐朝	玄武門之變，唐太宗李世民即位	唐朝擊敗東突厥，李世民被尊為「天可汗」	唐滅高昌	唐滅薛延陀部落	唐滅西突厥	唐滅高麗	武則天稱帝，改國號為周	神龍政變，武則天被迫退位，恢復唐國號	唐玄宗李隆基即

李靖突襲定襄

李世民登基後，面對的第一個問題，便是來自北方突厥人的威脅。當時，東突厥可汗頡利率領 10 餘萬大軍兵臨長安，唐太宗給了他們大量財物後才退兵。

此後，唐太宗整治軍隊，訓練士兵，伺機復仇。629 年，趁著東突厥汗國實力衰弱，唐太宗任命李靖等率軍攻打東突厥。

630 年，李靖率領精銳騎兵，偷襲突厥軍隊，大敗敵軍，頡利損失慘重，不得不投降唐朝。自此，北部地方的最大威脅解除了。唐太宗憑藉這一戰的功勳，被西域諸國尊為「天可汗」。

文成公主吐蕃和親

吐蕃是當時青藏高原上的一個少數民族政權，隋唐時期逐漸強大起來。唐太宗晚年，吐蕃首領松贊干布派人來唐提親，遭到拒絕。吐蕃藉此機會出兵侵擾唐朝邊境，被唐軍擊敗。後來，松贊干布再次派人向唐求親，唐太宗為避免戰爭便答應了。唐朝將一位宗室女子冊封為「文成公主」，遠嫁吐蕃。

文成公主來到吐蕃後，受到吐蕃人民的熱烈歡迎。與她一同到來的，還有大量的書籍、茶葉、絲綢、佛經、蔬菜種子和先進的生產技術。這些「嫁妝」促進了唐朝和吐蕃的文化交流，對西藏地區的經濟發展貢獻巨大。西藏人民至今仍然感念這位代表著和平的公主。

松贊干布　文成公主

755 年　安史之亂爆發

756 年　叛軍攻入長安

763 年　安史之亂被平定

780 年　唐朝實施兩稅法

835 年　甘露之變，宦官奪取權力

878 年　黃巢之亂爆發

880 年　叛亂軍攻入長安，黃巢稱帝，建立大齊政權

884 年　黃巢兵敗身死

904 年　軍閥朱溫挾持皇帝遷都洛陽

907 年　朱溫逼唐哀帝禪位，唐朝滅亡

武則天

狄仁杰

姚崇

宋璟

張九齡

唐朝著名宰相

女皇武則天

武則天本是唐太宗李世民的妃子，被冊封爲「才人」，唐太宗死後，得唐高宗寵幸，被立爲皇后。

唐高宗晚年身體不好，讓武則天協助處理國家大事。唐高宗死後，武則天先後立自己的兩個兒子李顯和李旦爲皇帝，但始終沒有完全放權。

690 年，武則天廢掉李旦，改國號爲「周」，自立爲帝，成爲中國歷史上唯一的女皇帝。

請君入甕

即位後，武則天爲了鎮壓反對她的人，任用了一批酷吏。其中，周興的手段非常毒辣，製造許多冤案。有一天，周興也被人告發，武則天派另一位酷吏來俊臣審查此案。

來俊臣與周興吃飯時，故意問周興說：「最近許多犯人不肯認罪，這可怎麼辦？」周興回答：「簡單，你弄一個大甕來，四周燒起炭火，讓囚犯進入甕內，慢慢地燒他，這樣他就會一五一十地招認了。」於是，來俊臣按照周興所說，取來大甕和炭火，然後對周興說：「有人告發了你，請你進入甕中吧。」周興聽聞，立刻伏法認罪。

開元盛世

712 年，武則天的孫子李隆基即位，史稱唐玄宗。唐玄宗是一位多才多藝的君主，擅長書法、音樂、詩詞及打馬球。唐玄宗效仿唐太宗，選賢任能，整頓吏治，推行政治改革。在賢相姚崇與宋璟等人的輔佐下，唐玄宗前期，政治穩定、經濟繁榮、國庫充盈、民眾生活安定、社會風氣開放包容、各族人民和睦共處。周邊國家紛紛派遣使臣來長安觀摩學習唐朝先進的文化和制度。這一時期的唐朝，國力強盛，史稱「開元盛世」。

唐玄宗獨寵楊貴妃

人們常說的「沉魚」、「落雁」、「閉月」、「羞花」是指代中國古代「四大美女」，其中「羞花」指的是唐朝貴妃楊玉環。

楊玉環天生麗質，10幾歲的時候便被冊立為壽王李瑁的妃子。後來她被壽王的父親唐玄宗李隆基看中，封為貴妃。入宮後的楊玉環集萬千寵愛於一身，唐朝詩人白居易描述她「回眸一笑百媚生，六宮粉黛無顏色」。

這一時期的唐玄宗已經遠不如年輕時那般勤政英明，他沉浸在自己過去的成就中，志得意滿。得到楊玉環後，他更是整日沉湎於享樂。楊玉環得寵，楊氏一門因而榮華顯貴，楊貴妃的堂兄楊國忠更是權傾朝野。755年，安祿山以誅殺奸相楊國忠為名發動叛亂，唐玄宗攜楊玉環逃到馬嵬驛（今陝西興平西）時，全軍將士嘩變，要求處死楊玉環，唐玄宗只得忍痛處死楊玉環以平軍心。

昭陵六駿

昭陵是唐太宗李世民與長孫皇后合葬的陵墓，位於今陝西咸陽禮泉的九嵕（ㄗㄨㄥ）山上。陵墓依山而建，是唐朝最具代表性的一座帝王陵寢。

「昭陵六駿」指的是放置在昭陵北面祭壇東西側的六塊駿馬青石浮雕石刻，這六匹駿馬的原型是唐太宗李世民馳騁疆場、征戰天下時騎過的六匹戰馬，牠們分別為「拳毛騧（ㄍㄨㄚ）」、「什伐赤」、「白蹄烏」、「特勒驃」、「青騅」、「颯露紫」。

這六具駿馬浮雕整體造型十分優美，雕刻線條流暢，刀工精細圓潤，造型生動、栩栩如生，是馳名中外的石雕藝術珍品，體現了初唐時期高超的雕刻藝術造詣。

安史之亂

　　唐玄宗李隆基晚年沉迷享樂，縱情聲色，長期不理國事；宰相貪汙腐敗、賄賂公行；將軍則謀反之心漸起，打著各自的算盤招兵買馬。

　　安祿山與史思明就是兩個手握重兵卻心懷不軌的將領，他們藉著唐玄宗的信任，在邊境建立強大的勢力。755 年，安祿山與史思明共同發起叛亂，史稱「安史之亂」。叛軍從東北邊境的范陽起兵，一路勢如破竹，攻克了洛陽與潼關，唐玄宗倉皇出逃。逃到成都後，唐玄宗失去了對國家的控制，太子李亨在靈武稱帝，史稱唐肅宗，開始主導平叛。

　　這場叛亂一直到唐玄宗的孫子唐代宗時期才得以平息。

甘露之變

安史之亂後，唐朝由盛轉衰。各地節度使擁兵自重，不再服從朝廷的徵調和派遣，而皇帝因爲不信任將軍，賦予身邊的宦官很大的權力，使得宦官控制了朝政。

835 年，唐文宗不滿宦官專權，與親信謀劃誅殺宦官。唐文宗故意讓人奏報，在左金吾衙門後院的石榴樹上，發現祥瑞「甘露」，請皇上前往觀看。唐文宗讓宦官首領仇士良、魚弘志前去觀看，計畫讓埋伏在那裡的士兵趁機將他們斬殺。然而，士兵辦事不力，讓仇士良逃跑了。不僅如此，宦官還挾持了唐文宗。這一事件史稱「甘露之變」。

甘露之變後，宦官更加一手遮天。他們脅迫天子，威逼宰相，將軍任免乃至儲君的廢立都由他們掌控。唐朝進入繼東漢末年之後又一個宦官當權的時代。

棋盤一般的都城

唐都城長安的規劃井然有序，全城有上百個居民區。長安城分為東、西兩個部分，兩部分各有一個商業區，也就是東市和西市，它們互相對稱；商業區中有各式各樣的「坊」，各坊之間的排列極其工整，俯瞰整座城市猶如一張巨大的棋盤。

蓬勃向上的進取精神

盛唐時期，隨著不斷開疆拓土，唐朝綜合國力日漸強大，整個社會呈現出蓬勃的朝氣。這一時期，詩詞歌賦等文學作品中都蘊含著開拓進取的精神和昂揚向上的自信。源自西北少數民族的尚武之風也極其流行，騎馬、打球、拔河、射箭等活動備受人們喜愛。

醉臥河邊的詩人

從秦嶺運來的木材
秦嶺地區的木材品質很好，是當時很受歡迎的貨物之一。

長征健兒
唐朝政府會在各地招募士兵，組成「長征健兒」，派往邊關地區作戰。

高句麗商人

學習打鐵的遣唐使
從日本來的遣唐使，他們來到大唐是為了學習唐朝的先進文化與技術。

胡旋舞

相撲

絲帛行
絲帛商人組成的行會，他們需要協助官府，一同維持市場秩序。

囤積的貨物

槐葉冷淘
當時最受歡迎的一種「涼麵」，由麵粉與槐葉汁攪拌之後製作而成。

槐葉冷淘

來唐的日本僧人

來唐的日本人

將領

漕運船隻
負責幫官府運送貨物的船隻。

兼容並蓄的社會風氣

唐朝鼎盛時期，疆域空前遼闊，是繼隋朝之後的大一統王朝，與當時世界上的許多國家都保持著密切的交往和貿易。在長安城內，經常能見到來自波斯的商人、突厥的貴族和日本的遣唐使……，這些不同文化、不同民族的人在都城內和平相處，互通有無，與唐朝百姓共享太平盛世。

酒肆

胡姬

吟詩的文人
唐朝文人十分喜愛作詩，詩作得越好，越能獲得人們的尊重。

花車
高大的花車上，舞女們會當眾展示自己的歌舞才藝。

飲子
當時用中藥熬製出的中藥飲品，服用時，沒有固定的時間和劑量要求。

波斯邸
波斯商人開設的店鋪，會販賣一些波斯字畫、古董。

胡餅
從西域傳入，是當時非常流行的美食。

肉鋪

巡邏的不良人
不良人是唐朝抓捕罪犯、維護治安的人員，相當於當今的警察。

賣胡餅的小販

外來的胡人
不只是中原人，來自外地的胡人們也喜歡聚集在這裡。

馬車

牛李黨爭

　　唐朝中後期，朝堂上的文臣明爭暗鬥，一分爲二。一方是以李德裕爲首的「李黨」，另一方是以牛僧孺爲首的「牛黨」。兩黨相互抨擊，拒絕合作，持續鬥爭了多年，最終以「牛黨」元氣大傷、苟延殘喘，「李黨」被貶謫爲地方官，宦官、藩鎮的勢力大增而告終。這場漫長的內鬥進一步消耗了唐朝後期的國力，使唐朝政治更加黑暗。

黃巢之亂

　　唐朝末期，政治越來越腐敗，武將割據、文官黨爭、太監專權──三大弊病使得民不聊生。

　　唐僖宗時期，各地天災不斷，朝廷卻不管百姓的死活，引發了人民叛亂。其中，黃巢憑藉卓越的才能，成爲叛亂軍的領袖。

　　878 年，黃巢率領大軍攻入長安，唐僖宗狼狽逃往四川。黃巢占據長安後，自立爲帝，建立大齊政權。唐朝調集重兵圍剿黃巢，黃巢戰敗，棄城東逃，最終在狼虎谷被殺。

　　黃巢之亂雖被鎮壓，但朝廷徹底失去了對各地的控制。907 年，節度使朱溫脅迫唐哀帝退位，唐朝滅亡。

四通八達的盛唐

唐朝建立後，憑藉著強大的國力，橫掃盤踞在如今蒙古高原和新疆地區的突厥勢力。從唐朝建立到安史之亂爆發前，生活在西域和中亞地區的許多少數民族紛紛向大唐稱臣納貢，使唐朝對西域的控制延伸到中亞地區。

為了統治如此遼闊的國家，唐朝在國內許多地方都設立了郵驛，用來傳遞資訊。郵驛內常備有馬匹和士兵，一旦有重要消息傳來，驛站立刻將情報送出。郵驛的設立極大改善了中國的交通情況。

富貴城

回

鶻

高昌

黃

疏勒

于闐

敦煌

長安

拂

菻

縛達城

大

食

吐

蕃

唐

長

曲女城

驃

天

竺

國

文單城

獅子國

陸路交通線
海路交通線

室利

大明宮

掃地的苦役
他們往往是被犯下大罪的親人連累，被迫在宮中做苦役。

魚藻池
專門養育一些魚類的池塘。

嶺南進貢的荔枝
從嶺南採集後，快馬加鞭送到長安，讓楊貴妃品嘗。

射鴨的貴族
貴族們以獵殺野鴨為樂。

蹴鞠

梨園弟子
在梨園中學習音樂的人，他們有時候還能得到皇帝親自教演。

秦王破陣樂
為歌頌唐太宗李世民而設計的節目。

租賃驢
租借毛驢的地方。

製作蔗糖
以甘蔗為原材料製作而成。蔗糖在當時很受上層人士歡迎。

牡丹
牡丹是唐朝最受歡迎的花卉品種，被譽為「百花之王」。

唐朝僧人

常平倉
常平倉內平時儲存著大量糧食，遇到災荒時就會低價賣給百姓，以平抑糧價。

望樓
高高的望樓，用來監控敵情及傳遞資訊。

贈送禮品的官吏
為了體現「天朝上國」的氣度，對於前來進貢的使節，唐朝也會派人回贈禮品給他們。

打馬球
唐朝最為流行的運動之一。人們騎在馬上用棍子擊打地面的小球。

前來朝貢的各國使節
來自各個國家的使節，攜帶各地的禮物前來朝見「天可汗」。

長安

阿拉伯商人

昆侖奴
來自南洋等地的黑膚色僕役，在當時被稱作「昆侖奴」。

印刷

印刷店

牛車

「藥王」孫思邈

孫思邈出生於北周末年，是隋唐時期著名的醫生。隋文帝楊堅很欽佩孫思邈的醫術，想招他入朝爲官，孫思邈婉拒了。後來，他隱居到太白山，常年研究藥和醫學，花費畢生的精力撰寫出《千金要方》和《千翼方》，這兩部著作成爲後世的醫學聖典。

孫思邈一生救人無數，並極力推崇養生之術。唐太宗曾經召孫思邈入京面聖。雖然當時孫思邈年事已高，可容貌和氣色卻如少年一般，令唐太宗感慨萬千，稱爲「得道之人」。傳說，孫思邈活了 101 歲。

在偏遠地區，唐政府不僅在當地派重兵駐守，還設立了許多養馬機構——長行坊，專門負責幫來往官吏以及行人更換馬匹。唐朝時期，溝通東西方的絲綢之路上呈現一派繁榮的景象，從歐洲的君士坦丁堡到長安城，無數滿載貨物的商隊，奔波在黃沙漫道間，他們帶來了不同的文明。

孫思邈

渤海

幽州

平壤

新羅

登州

金城

日

楚州

本 平城京

洛陽

揚州

東

明州

海

江

泉州

廣州

南

海

（漲海）

玄奘西行

東漢末年，佛教傳入中國，在南北朝時期興盛起來。唐朝時，佛教教派中最出名的有「大乘佛教」與「小乘佛教」。不同教派之間，分歧不斷，爭鬥不休。

當時唐朝著名高僧玄奘認爲，要想搞清楚不同教派之間分歧的根源，必須前往佛教發源地——天竺（今印度）尋找答案。

629 年，玄奘從長安向西進發，經過長途跋涉，歷經千難萬險，最終抵達天竺。在天竺，玄奘得到了當地統治者戒日王的盛情款待，並與戒日王結下了深厚的友誼。在此期間，他遊歷了天竺各邦國，學到了豐富的佛學知識。645 年，玄奘攜帶大量的佛教著述回到中國。

玄奘的西行之旅，極大地促進了中國與天竺的佛學交流。他將沿途的見聞口述給他的弟子，由其弟子整理編撰成《大唐西域記》。這部作品成爲研究那一時期中亞、南亞等國家歷史、文化的珍貴資料。「印度」這個稱呼也是玄奘西行之後才有的。

著名小說《西遊記》便是根據玄奘西行改編而來，我們所熟知的「唐僧」的原型便是玄奘。

鑑眞東渡

唐朝時期，日本是中國的友好鄰邦，曾多次派遣唐使來唐學習先進制度、科技、文化，同時邀請一些唐朝的著名人士前往日本傳播思想文化。

鑑眞是唐朝時期的著名僧人，在他擔任揚州大明寺住持期間，日本政府和佛教界邀請他前往日本傳戒，爲日本信徒授戒。鑑眞在前往日本途中，因海上風浪過大，多次失敗，尤其是他第五次試圖前往時，遭遇海難險些喪命。

儘管如此，鑑眞東渡日本的決心絲毫未被動搖。他前後六次出海，最終於 754 年到達日本，實現了東渡宏願。鑑眞的東渡極大促進了中日文化交流，被奉爲日本律宗初祖。

鑑眞

璀璨的唐詩

詩，是中華文化中一種特別的文學形式。到了唐朝，隨著國力的空前強大，文化也進入蓬勃發展的時代。這一時期，底層人士可以通過科舉考試改變命運，跌宕起伏的人生經歷讓很多文人騷客的情感更加豐富。而詩，作為一種抒發情感的文體，成為當時文人的最愛。伴隨著「初唐四傑」、「詩仙」、「詩聖」的出現，唐朝的詩文化步入繁盛時期。

從「大李杜」到「小李杜」

說起唐詩，人們最先想到的要數「詩仙」李白和「詩聖」杜甫了，他們都是盛唐時期的偉大詩人，被稱為「大李杜」。

李白年少時已憑藉詩才聞名，成年後遊歷名山大川，寫下許多傳世名句。

李白來到長安為官，卻因不願巴結權貴遭到朝廷冷落。被貶後的李白寫出「安能摧眉折腰事權貴，使我不得開心顏」的詩句，展現了他崇尚自由、豪放寬闊的胸懷。可惜李白在安史之亂後顛沛流離，最終孤寂離世。

杜甫的經歷與李白相似，他出身官宦世家，因奸臣當道鬱鬱不得志。安史之亂時，杜甫眼見平民百姓飽受戰亂之苦，寫下「牽衣頓足攔道哭，哭聲直上干

使至塞上
王維
單車欲問邊，屬國過居延。
征蓬出漢塞，歸雁入胡天。
大漠孤煙直，長河落日圓。
蕭關逢候騎，都護在燕然。

雁門太守行
李賀
黑雲壓城城欲摧，甲光向日金鱗開。
角聲滿天秋色裡，塞上燕脂凝夜紫。
半卷紅旗臨易水，霜重鼓寒聲不起。
報君黃金臺上意，提攜玉龍為君死！

樂遊原
李商隱
向晚意不適，
驅車登古原。
夕陽無限好，
只是近黃昏。

從軍行
楊炯
烽火照西京，心中自不平。
牙璋辭鳳闕，鐵騎繞龍城。
雪暗凋旗畫，風多雜鼓聲。
寧為百夫長，勝作一書生。

昭君怨
盧照鄰
合殿恩中絕，交河使漸稀。
肝腸辭玉輦，形影向金微。
漢地草應綠，胡庭沙正飛。
願逐三秋雁，年年一度歸。

賦得古原草送別
白居易
離離原上草，一歲一枯榮。
野火燒不盡，春風吹又生。
遠芳侵古道，晴翠接荒城。
又送王孫去，萋萋滿別情。

春曉
孟浩然
春眠不覺曉，
處處聞啼鳥。
夜來風雨聲，
花落知多少？

望廬山瀑布
李白
日照香爐生紫煙，
遙看瀑布掛前川。
飛流直下三千尺，
疑是銀河落九天。

新疆維吾爾自治區

甘肅

青海省

西藏自治區

四川

雲南省

送桂州嚴大夫
韓愈
蒼蒼森八桂，茲地在湘南。
江作青羅帶，山如碧玉簪。
戶多輸翠羽，家自種黃甘。
遠勝登仙去，飛鸞不假驂。

孟加拉灣

5

雲霄」等發人深省的詩句。杜甫的詩歌又被稱作「詩史」，是研究唐代社會的重要資料。

晚唐時期，出現了「小李杜」，即李商隱與杜牧。

「小李杜」時期，唐朝開始走下坡路。因此，李商隱的詩詞大多是諷刺統治階級的，譬如著名的「商女不知亡國恨，隔江猶唱後庭花」；而杜牧則在理想破滅後沉迷享樂，留下了「十年一覺揚州夢，贏得青樓薄倖名」的詩句。

李白的瀟灑、杜甫的悲涼、李商隱的譏諷、杜牧的放浪，共同展現了唐代文人當時的精神面貌。

相見恨晚的「知音」

826 年，是劉禹錫被貶在外的第 23 個年頭。這時他終於要被調回洛陽了，心情相當愉悅。他走進一間酒樓，正要坐下飲酒，突然發現旁邊坐著大名鼎鼎的白居易。

白居易早年曾在朝為官，後來因得罪權貴被貶到地方，終於有機會返回朝廷任職，心中喜悅，打算小酌一番，卻意外碰上了劉禹錫。

劉禹錫與白居易的經歷非常相似，二人都曾意氣風發，想要匡扶社稷，又都遭到現實的打擊。因此，二人一見如故，相見恨晚。此後，兩位大詩人結伴四處遊歷，在許多地方都留下了詩篇，為後世留下不少文壇佳話。

出塞
王昌齡
秦時明月漢時關，
萬里長征人未還。
但使龍城飛將在，
不教胡馬度陰山。

登鸛雀樓
王之渙
白日依山盡，
黃河入海流。
欲窮千里目，
更上一層樓。

望嶽
杜甫
岱宗夫如何？
齊魯青未了。
造化鍾神秀，
陰陽割昏曉。
蕩胸生層雲，
決眥入歸鳥。
會當凌絕頂，
一覽眾山小。

贈汪倫
李白
李白乘舟將欲行，
忽聞岸上踏歌聲。
桃花潭水深千尺，
不及汪倫送我情。

詠鵝
駱賓王
鵝鵝鵝，
曲項向天歌。
白毛浮綠水，
紅掌撥清波。

泊秦淮
杜牧
煙籠寒水月籠沙，
夜泊秦淮近酒家。
商女不知亡國恨，
隔江猶唱後庭花。

江雪
柳宗元
千山鳥飛絕，
萬徑人蹤滅。
孤舟蓑笠翁，
獨釣寒江雪。

滕王閣詩
王勃
滕王高閣臨江渚，
佩玉鳴鸞罷歌舞。
畫棟朝飛南浦雲，
珠簾暮卷西山雨。
閒雲潭影日悠悠，
物換星移幾度秋。
閣中帝子今何在？
檻外長江空自流。

烏衣巷
劉禹錫
朱雀橋邊野草花，
烏衣巷口夕陽斜。
舊時王謝堂前燕，
飛入尋常百姓家。

——今國界
········今省界

55

五代十國

（五代：907 年—960 年；十國：902 年—979 年）

　　唐朝滅亡後，中國再次陷入分裂的狀態。中原地區先後出現後梁、後唐、後晉、後漢、後周五個強大的政權。與五代幾乎同時，南方和河東地區先後出現吳、南唐、吳越、前蜀、後蜀、楚、閩、南漢、南平、北漢十個相對弱小的國家，史稱「五代十國」。

　　五代十國的亂象，是唐朝中後期藩鎮割據現象的延續。五代十國中的許多開國君主，都曾是唐朝的臣子。這一時期，戰爭不斷，社會經濟遭到破壞，百姓賦稅沉重，流離失所。

　　後周時期，世宗柴榮經過改革，逐漸走向富強，為北宋的統一奠定了基礎。

難民

56

牧民

契丹崛起
契丹是中國東北地區的一個少數民族，五代時期強大起來，並多次侵擾中原。

遼（契丹）

上京

安撫流民
這一時期，南方地區相對穩定，大量人口逃到南方，促進了南方的經濟發展。

馬車

兵役頻繁
五代時期，由於戰亂，各地軍閥紛紛招兵買馬，徵調民力，百姓負擔極重。

難民

渤海

定難

晉

東京（開封）

成都府

後蜀

南江陵府平

南西都

吳越

西府

長沙府

楚

唐殷閩

建州

長樂府

東海

郭威

大理

大理

興王府

南漢

南海
（漲海）

◎ 都城
-- 政權部族界
—— 今國界

註：晉天福八年（943年）。

57

替父三矢恨

李克用是沙陀人，本姓朱邪，因在平定黃巢之亂中立下戰功，被賜李姓，後來成為河東（今山西西南）地區的勢力。他與朱溫常年交戰，互有勝負，眼睜睜地看著朱溫的勢力越來越強大。

908 年，李克用重病在床，臨終前，他將兒子李存勖（ㄒㄩˋ）叫到床前，遞給他三支箭，並告訴他，朱溫、契丹人以及北方的劉仁恭，是自己的三大仇人，希望李存勖拿著這三支箭，替父報仇。

李存勖接過父親手中的箭，將仇恨牢記在心。10幾年間，李存勖南征北戰，生擒割據北方的劉仁恭父子，在李克用的墳前處死，擊敗了南下入侵的契丹人，消滅了朱溫建立的後梁。

三矢雪恨

朱溫滅唐

朱溫本是唐朝的一介貧民，因遭遇饑荒，加入了當時聲勢浩大的黃巢叛亂，驍勇善戰的他很快成為軍中的一員大將。後來，黃巢作戰不利，朱溫便率眾歸順朝廷，被賜名朱全忠。此後，朱溫與李克用鎮壓黃巢之亂，被晉封為梁王。

黃巢之亂被平定後，中央失去了對地方的控制，各地藩鎮互相征伐，吞併地盤，朱溫也參與其中。足智多謀的朱溫成為中原地區最強大的勢力。907 年，朱溫挾迫唐哀帝退位，自己稱帝，建立後梁。

稱帝後的朱溫控制著黃河流域的大片土地，卻始終沒能統一天下。晚年時，朱溫性情大變、暴虐無常，最終被其子朱友珪所殺。

朱溫滅唐

907 年	923 年	925 年	934 年	936 年
朱溫建立後梁	李存勖建立後唐，同年後唐消滅後梁	後唐滅前蜀	孟知祥建立後蜀	「兒皇帝」石敬瑭建立後晉，割讓燕雲十六州給契丹

「李存勖」與「李天下」

923 年，李存勖建立後唐政權，史稱後唐莊宗。2 年後，後唐消滅了割據四川的前蜀政權，勢力強大，可謂「三分天下有其二」。然而從這一年開始，那個英明神武、矢志雪恨的李存勖消失了，取而代之的是一個玩物喪志的「李天下」。

「李天下」是李存勖替自己取的用來唱戲的藝名。李存勖從小喜歡看戲，興致起來了，自己也會跑上臺唱幾句。在洗雪父親的三大仇恨並建立強大的後唐政權後，李存勖就不再勤政，每天與唱戲的伶人為伍，既不體恤將士，又猜忌功臣，引發朝臣的不滿。

926 年，後唐爆發叛亂，李存勖想要親自領兵平叛，但麾下的士卒逃亡過半。他追悔莫及，最終被亂兵所殺。

「兒皇帝」石敬瑭

石敬瑭本是後唐的一員猛將，征戰多年，屢立戰功。

後唐莊宗李存勖死於兵變後，其養子李嗣源即位，李嗣源死後，皇位又落到其養子李從珂手中。李從珂以養子的身分繼承皇位，擔心眾人不服，尤其是功高蓋主的石敬瑭。於是，李從珂打算趁石敬瑭領兵在外，奪其兵權。石敬瑭得知後，直接起兵謀反，並派人前往塞外向契丹人求援，許諾契丹人若幫他取得皇位，不僅割讓北方的燕雲十六州給契丹，還認契丹君主為父。

契丹君主遼太宗耶律德光得到消息後立刻率軍南下，幫石敬瑭擊敗了李從珂。石敬瑭也真的將燕雲十六州割讓給契丹，並認耶律德光為父親，自稱「兒皇帝」。燕雲十六州割讓給遼後，中原王朝喪失了抵禦北方少數民族的天然屏障，在軍事上變得十分被動。

寵信伶人

兒皇帝

937 年
李昇建立南唐

947 年
劉知遠建立後漢

951 年
郭威建立後周

958 年
後周世宗柴榮
奪取淮南

960 年
趙匡胤陳橋兵變，
建立北宋

劉知遠建後漢

　　靠出賣尊嚴與國家利益當上皇帝的石敬瑭，登基沒多久就死了，他的侄子石重貴即位。石重貴不願臣服契丹，與契丹人多次交戰，多以失敗告終。契丹人留在中原，廢掉了石重貴，大肆劫掠。

　　後晉大將劉知遠打著「驅逐契丹」的口號出兵中原。當時，契丹軍隊的主力已經北撤了，劉知遠消滅了契丹人留在中原地區的殘餘勢力後，建立了後漢政權。

郭威

契丹士兵

「黃袍」加身

　　劉知遠當上皇帝沒多久就病逝了，其子劉承祐即位。此前，劉知遠手下的大將郭威，因輔佐劉知遠稱帝立下戰功。劉承祐即位後，怕郭威謀反，殺了郭威全家人。郭威起兵造反，率軍攻入都城，劉承祐死於亂軍中。

　　攻入都城後，郭威不敢明目張膽地篡位。他先立了個傀儡皇帝，讓太后執政，自己則帶兵打仗。行軍途中，士兵們將一件黃色的旗子替代黃袍強行披在郭威身上，讓他當皇帝。郭威在士兵們的慫恿下，「萬般無奈」地當了皇帝，建立了後周政權。

趙匡胤

陳橋兵變

959年，後周世宗柴榮病逝，其子柴宗訓即位，由宰相主持軍國大事。第二年的正月初一，北方的契丹人聯合北漢南侵，宰相連忙派遣禁軍統帥趙匡胤領兵抵抗。

趙匡胤率軍走到陳橋驛後，當年出現在郭威身上的一幕再次上演。將士們發動兵變，爲趙匡胤披上黃袍，請求趙匡胤當皇帝。於是，趙匡胤率軍返回都城。守城將士是趙匡胤的心腹，開城迎接趙匡胤一行。趙匡胤兵不血刃便奪取了後周江山。

此時，趙匡胤的所作所爲與之前那些篡位稱帝的軍事將領並無二致。但後來的歷史證明，這位「亂臣賊子」才是柴榮志向的眞正繼承者。他率領軍隊掃蕩群雄，爲持續混亂了半個世紀的中國帶來了太平和安寧。

志在天下的柴榮

起初，郭威還不是皇帝時，家裡並不富裕，但他仍然收留了妻子的侄子柴榮。因爲自己沒有孩子，郭威將柴榮認作養子。柴榮常年協助郭威處理各種事務，深受其信賴。郭威病重時，留下遺詔將皇位傳給柴榮。

柴榮即位後勵精圖治、銳意改革，組建了一支能征善戰的禁軍，並親自率軍南征北戰，大大擴充了後周的疆域。

沒想到，柴榮在位僅5年，就在收復燕雲十六州的路上病逝了。

柴榮

軍事勢力混戰時期

　　五代時期為唐朝末年地方割據的延續，各方勢力混戰給百姓帶來了沉重的災難，出現了人吃人，甚至獵殺活人充實軍糧的慘烈情況。

　　但是，各割據政權在經濟上始終保持著密切的聯繫，南北各地並未被真正「割據」，這就為全國統一奠定了基礎。960 年，後周殿前都點檢趙匡胤發動「陳橋兵變」，建立宋朝，史稱宋太祖。趙匡胤繼續著手統一全國，直到宋太宗時期才消滅了其他八個割據政權，結束了戰火紛飛的五代十國。

周元通寶

唐國通寶

海上貿易

修築水渠

雕版印刷

澄心堂紙

駝隊運輸

經濟重心南移

　　五代時期，北方各國政權更替十分頻繁，戰爭不止，大規模的屠殺時常發生。與此同時，南方的幾個政權較爲穩定，戰爭較少。因此，南方經濟受到破壞的程度也較輕。同時，大批北方百姓爲了躲避戰亂逃到南方，爲南方輸入了大量的勞動力和先進生產技術，爲南方的發展創造了有利條件。

　　五代十國結束時，南方的經濟水準已有超越北方之勢，加快了經濟重心的南移。

採摘茶葉

興辦屯田，糧食豐收

虞美人

春花秋月何時了？
往事知多少。
小樓昨夜又東風，
故國不堪回首月明中。

雕欄玉砌應猶在，
只是朱顏改。
問君能有幾多愁？
恰似一江春水向東流。

李煜

悲情皇帝李煜

南唐後主李煜是歷史上有名的悲情皇帝，他出生於江南的南唐國（五代十國時期南方的一個割據政權）。李煜原本不是太子，對權力也沒有欲望。他多才多藝，喜好詩詞、擅長繪畫、長於書法、精通音律、崇信佛教。然而，由於他的五個兄長早逝，李煜只好繼承皇位。

他在位期間，南唐的國力沒有增強，而同時期的趙匡胤志在一統天下。趙匡胤建立宋朝後，攻打南唐，李煜不敵，城破後投降了宋朝，被封為違命侯。

國破家亡，李煜心中充滿了對過去美好生活的懷念。一天，他叫來歌姬，讓她們排練自己新寫的一首詞，這首詞便是著名的《虞美人》。然而，有人聽出李煜的這首詞充滿了對故國的思念，便上報給宋太宗趙光義。宋太宗聽後大怒，賜給李煜一杯毒酒。一代才子，就此殞落，而《虞美人》也成為他的絕命之詞。

酷愛醫學的文官

韓保升

五代時期的後蜀國，有一位大臣韓保升，他是一名文官，卻偏偏「不務正業」，喜歡研究各種醫學和藥理。當時的後蜀皇帝孟昶命韓保升編寫一部醫書，韓保升翻閱了各種醫學書籍，收集藥方，並對之前的醫書進行增補、注釋，編撰了有名的《蜀本草》。

《蜀本草》對藥物的藥性記載得十分詳細，更難得的是，書中配有圖經，將各種藥材的形狀和樣子都繪製下來。如今，《蜀本草》的原本已經遺失，但有不少內容收錄在《本草綱目》等著作中。

「十朝元老」馮道

曾經有這麼一個人，他先後經歷了五國、輔佐了十位皇帝，成為中國歷史上絕無僅有的「十朝元老」，這個人便是五代十國時期的馮道。

馮道出身貧寒，在亂世中憑藉出眾的才能為後唐莊宗李存勗效力。後來叛亂接連不斷，皇帝換了一個又一個，而馮道卻始終屹立於朝堂之上。不僅如此，每次改朝換代，他的官職都會升遷一次。他做到這些的祕訣，就是誰打贏了，他就投靠誰，絕不做無謂的抵抗。他做事認真盡責，因此，他輔佐的皇帝都很倚重他。但是，也有許多人覺得他沒骨氣。

儘管馮道在節操方面受到諸多詬病，但他的確是個實實在在的好官。他任職期間，舉薦賢能、推廣教育，將儒學經文進行大規模雕版印刷，在普及教育方面做出不小的貢獻。

馮道

毋昭裔與「後蜀石經」

「石經」是在石頭上雕刻的經文。古代由於戰爭頻繁，將文字寫在紙上或者竹簡上，很容易毀於戰火。因此，有人想到一個辦法——將文字刻在石頭上。這樣只要沒有人故意破壞，文字基本都能保存下來。

五代時期的後蜀，毋昭裔自幼家貧，憑藉自身的努力和才學當上了大官。當時，後蜀許多學校都因戰亂被廢棄。毋昭裔見此情況便自己出資，大規模修建學校、興辦教育。為了方便學子傳送和抄錄，毋昭裔命人將儒家經典刻在石頭上，製成石經。由於雕刻的內容過多，工程量浩大，這項了不起的事業直到北宋末年才完成。這些石經的存在，為蜀地人民學知識提供了便利，也為「蜀學之盛冠天下」打下了牢固的基礎。

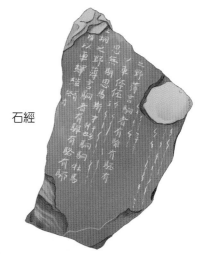

石經

北宋

（960 年—1127 年）

960 年，趙匡胤透過陳橋兵變，黃袍加身，從後周王朝的孤兒寡母手中奪取政權，建立北宋，定都汴京（今河南開封），史稱宋太祖。

北宋的疆域僅限於五代十國舊地，南部已不含今越南北部，西北以今陝西橫山、甘肅東部、青海湟水與西夏、吐蕃接界，北部則在今河北、山西中部一帶與遼對峙。

北宋經濟繁榮，人口增長迅速，文化繁榮，與周邊各民族交往頻繁。然而，由於北宋制度過於複雜、重文輕武，造成軍事力量薄弱，使宋朝無法戰勝周邊民族，最終亡於金國。

指南針

河西走廊

河西走廊是中原與西域地區最重要的通道，西夏國憑藉這條道路獲得了大量財富。

畢昇

發明了活字印刷術。

王安石

蘇軾

李清照

中國著名女詞人。

牧民的生活

牧民

遼國

五京制
遼國在國內設五座「京城」,皇帝
抵達哪座,哪座便是臨時都城。

遼

《資治通鑑》
北宋名臣司馬光主編的
史學巨著。

高昌

州 回 鶻

党項族
党項族又稱「党項羌」,是羌
人的一支,北宋時期建立了西
夏國。

西 夏
李元昊
興慶 ◎

黃

中京 ◎

三易回河
北宋時期曾經三次修改
黃河河道,導致黃河氾
濫,淹沒了大片土地。

幽州

檀州

渤 海

包拯
北宋名臣,民間稱其
為「包青天」。

冗兵冗員
北宋軍隊中有大量老弱殘
兵,朝廷無法妥善安置他
們,只能讓他們留在軍隊,
導致軍隊負擔沉重。

開封
宋朝都城開封,又稱汴京,因
位於大運河的樞紐地帶而十分
富裕,人口超過百萬。

陳橋

開封 ◎ 東京

北

興修水利

東

大

◎ 大理

種植水稻

宋

海

南 海

◎ 都城
— — 政權部族界
——— 今國界

註:遼天慶元年,
北宋政和元年
(1111年)。

陳橋兵變

960 年，後周大將趙匡胤在陳橋驛發動兵變，建立宋朝。

遼、北漢軍南下路線

歷史便利貼

杯酒釋兵權

961 年，宋太祖趙匡胤在皇宮宴請石守信等諸多有功的開國武將。在眾人觥籌交錯、推杯換盞之時，趙匡胤突然歎氣道：「朕每天晚上都無法安然入睡。」眾人詢問原因，趙匡胤說：「朕當初是被將士們披上黃袍，強行推上皇位的，可如果有一天你們也被士兵們披上黃袍可怎麼辦呢？」

眾將聽後大驚失色，請求皇帝給他們指條明路。於是，趙匡胤說：「你們不如把兵權都交出來，回到家中享清福，不是更好嗎？」眾人見狀，紛紛交出兵權。就這樣，趙匡胤透過一場宴席順利地將兵權收回。

重文輕武的宋太祖

趙匡胤稱帝後，善待前朝皇族，樹立了良好的聲譽。之後 10 幾年間，趙匡胤南征北戰，先後消滅了後蜀、南漢、南唐等割據政權，統一了全國絕大部分地區。

趙匡胤吸取了唐末及五代時期藩鎮割據、武將叛亂的教訓，採取重文輕武的策略，藉由限制武將的權力，保證了北宋社會的穩定。

騎驢逃跑的宋太宗

宋太祖死後，其弟趙光義繼承了皇位，史稱宋太宗。趙光義即位不久便親自領兵，一舉消滅了北漢。趙光義想趁軍隊士氣正旺，繼續向北進軍，一舉收復燕雲十六州。然而，宋軍在幽州城下連續攻打多日也沒能拿下城池。不久，遼國的各路援軍抵達幽州，宋遼兩軍在高梁河一帶正式交戰。

交戰後不久，遼軍向後方撤退，宋軍乘勢追擊。雙方經過一場惡戰後，宋軍戰敗。宋太宗趙光義中了一箭，乘著驢車一路南逃，才躲過一劫。

忠肝義膽的楊業

楊業，原是五代時期北漢政權的一位將軍，驍勇善戰，爲人忠肝義膽。北宋軍隊征討北漢時，楊業據城苦戰，成爲宋軍的心腹大患。後來北漢皇帝投降，楊業不得已投降宋朝。宋太宗趙光義十分器重楊業，任命他爲將軍鎮守邊關。在與遼國的雁門關之戰中，楊業因斬殺遼國大將蕭咄李，威震塞外。

986 年，宋太宗爲了洗刷高梁河之戰的恥辱，下令大舉北伐，楊業的部隊也在北伐大軍之列。當時，已定好計畫，由楊業先去誘敵，潘美的主力部隊在陳家谷口伏擊。

然而，潘美未能勸阻監軍王侁的錯誤決定而後撤。當楊業帶著一支隊伍成功將敵軍主力吸引到陳家谷口時，才發現沒有援軍。楊業率領殘餘部隊奮力殺敵，終因寡不敵眾，重傷被擒。

遼國活捉身負重傷的楊業後，多次勸降失敗，楊業絕食 3 天而死。有關楊業及其後人的事蹟被改編成《楊家將》的故事，至今仍廣爲流傳。

宋遼澶淵之盟

宋太宗兩次北伐失敗後，又與遼國征戰幾次，各有勝負。儘管宋朝無法收復燕雲十六州，但是遼國想要繼續南下擴張也困難重重。

1004 年，遼國蕭太后帶著遼聖宗耶律隆緒，率軍 20 萬攻宋，直搗北宋腹地。本想南逃的宋眞宗在主戰派宰相寇準的力勸下，同意親征遼國。宋遼主力在澶州城下展開對峙。其間，宋軍將士射殺了遼國大將蕭撻凜，使遼軍士氣大降。因擔心腹背受敵，遼國蕭太后便向北宋提出議和的請求。宋眞宗本就不願打仗，一聽說議和，連忙派使臣前往遼軍大營。

在前往遼軍大營之前，使臣詢問宋眞宗能夠開出的議和條件。宋眞宗表示，只要不割地，能求和，對方哪怕索要百萬錢財也可以答應。但使臣出發前，宰相寇準叫住他說：「議和結果一旦超出 30 萬兩白銀，我就殺了你。」

最終，是宋每年向遼進貢白銀 10 萬兩、絹 20 萬匹。宋眞宗聽後驚喜異常，大大誇讚使臣一番。之後，在長達 100 多年期間，宋遼兩國間沒再發生大規模戰爭。

王安石

新舊黨之爭

王安石變法拉開了北宋黨爭的序幕。當時宋朝內部支持變法的大臣被稱為「新黨」，反對變法的大臣被稱為「舊黨」。

宋神宗在位時全面支持變法，於是舊黨遭到了排擠，紛紛離開朝廷。宋神宗死後，其母高太后掌權。高太后反對變法，她啟用司馬光等一批舊黨，全面廢除新法，史稱「元祐更化」。

1093年，高太后病死，宋神宗的兒子宋哲宗親政，他再次啟用新黨，罷免舊黨，恢復了王安石變法。

就這樣，經過幾位統治者來回改變政策，北宋的政治變得十分混亂。新黨與舊黨最初還只是政治見解上的分歧，後來演變成了利益之爭。新法和舊法，都只是他們攻擊異己的藉口而已。

王安石變法

北宋自建國，一直重文輕武，所以軍隊戰鬥力不強，而且軍隊冗員十分嚴重。到了北宋中葉，土地兼併、積貧積弱等現象日益加劇。

宋仁宗時期，大臣王安石上了一道奏章給皇帝，希望朝廷能夠實施變法，富國強兵，而宋仁宗沒有採納王安石的提議。

直到1067年，趙頊即位，史稱宋神宗。宋神宗早就十分欣賞王安石，立刻重用王安石，並全權委任他來實施變法，變法內容以財政、軍事、教育與科舉考試為主。

新法的實施，在一定程度上改善了宋朝「積貧積弱」的局面，增強了國力，卻也觸動了當時守舊派的利益；由於新法操之過急，給百姓增加了許多負擔。王安石成為眾矢之的，受到包括司馬光在內的許多大臣的彈劾，就連宋神宗的母親高太后也向皇帝哭訴：「王安石變亂天下。」重壓之下，宋神宗只好罷免王安石，變法事宜告一段落。

維護私利的新舊黨爭

宋金海上之盟

就在宋朝陷入新舊黨爭時，生活在中國東北地區的女真人悄然崛起。

在一次戰爭中，勇猛善戰的女真人大敗遼國。宋朝聽說後便派使臣與他們簽訂盟約，共同對付遼國。北宋使者是通過海路與女真人談判的，因此，這一盟約被稱作「海上之盟」。

北宋企圖趁遼國主力被女真人牽制的時候，收復淪陷已久的燕雲十六州。自從宋遼簽訂澶淵之盟後，兩國已經有上百年沒有爆發戰爭。這次北宋在遼國危難之際落井下石，激發了遼國將士的士氣，最終大敗 10 幾萬宋軍。此時，女真人已經占領了遼國的許多土地，建立金國。北宋派人請求金國幫忙收復燕雲地區，許諾會用一大筆錢將土地贖回來。這一行徑徹底暴露了北宋的孱弱，在徹底消滅遼國之後，金國的統治者也逐漸將目光轉向北宋。

靖康之變

北宋與金簽訂「海上之盟」時，正是宋徽宗趙佶在位期間。宋徽宗喜好文學，擅長書法，還自創了瘦金體，文學造詣頗高。

然而，宋徽宗在治國理政方面卻昏庸無能。他在位期間，重用童貫、高俅、蔡京等奸臣，使朝廷內外烏煙瘴氣，貪汙盛行。

1125 年，金軍撕毀盟約，大舉南下。宋徽宗見狀，將皇位禪讓給了兒子宋欽宗，自己逃到南方躲避。金軍一路打到開封城下，宋欽宗任命大臣李綱保衛首都，金軍沒能破城，與宋朝議和後撤軍。

聽說宋朝已經與金軍議和，宋徽宗又回到開封。不久，金軍再次南下打到開封附近。這一次，宋徽宗與宋欽宗只想著如何與金軍議和，而不積極抵抗，導致開封淪陷，北宋滅亡。金軍在開封大肆劫掠一番後，帶著徽欽二宗、皇室宗族、后妃和大臣 3000 餘人，以及大批財寶返回了北方。宋欽宗年號靖康，因此，這一事件又被稱為「靖康之變」或「靖康之難」。

農業的進步

北宋時期，南方的經濟發展水準大大地提高，並逐漸超過北方。由越南傳入的占城稻成熟早、抗旱力強，在東南地區得到推廣，後又漸漸在北方普及，使糧食產量獲得很大提升。民間有「蘇湖熟，天下足」的諺語，意思是蘇州和湖州產出的糧食足夠讓天下人吃飽飯。

河岸上的縴夫
船隻沿著運河進入城內後，主要依靠縴夫為船隻提供動力。

船側的祭品
船隻安全到岸之後，船夫們會在船的側面擺放一些祭品，感謝河神保佑。

堆積如山的酒缸
北宋時期的人們非常喜歡喝酒，後世將北宋的這一情況稱作「酒患」。

勾欄瓦舍
人們欣賞戲劇表演的地方。

偷運糧食的奸商
原本要運送到官倉的糧食，中途卻被奸商攔截下來，運進他們的私人倉庫。

殺羊祭道
當時流行在遠行之前，殺一隻羊來祭祀神靈，祈求出行平安。

喝酒的朋友
朝廷害怕人們酒後鬧事，禁止聚眾飲酒，所以去喝酒的人都是三三兩兩的散客。

算命先生

求籤解卦

懸掛菜單

懶惰的士兵
北宋軍隊長期缺乏訓練，士兵懈惰渙散。

賣紙馬的商販

遭到禁毀的書籍
宋徽宗年間新黨被任用，舊黨受到打壓。蘇軾、黃庭堅等人的著作一律被看作舊黨作品，要求全部銷毀。

販賣玩具的小販

運炭的驢隊
城內富貴人家用的炭火，全部依靠這些運送煤炭的驢隊。

沿街叫賣的貨郎
背著各式各樣商品沿街叫賣的貨郎，也是北宋城市的一大特色。

繁榮的商業經濟

北宋之前的朝代大都重農抑商，國家對於商人及商業活動的限制和約束很多。那時候的商業貿易往往只在較大的城市中進行，而且貿易區域相對狹小。

到了北宋時期，隨著人口的激增，商業貿易活動變得非常活躍，國家對於商業的限制和束縛也開始減弱。大城市內的商舖數量急劇增加，甚至出現只在夜間做生意的「夜市」，以及專門在鄉鎮地區做生意的「草市」。

北宋時期，黃河、長江等河流沿岸興起了許多商業城市。街道及住宅巷中都能開設商舖，都市的商貿活動也延伸到鄉鎮。

彩樓
樓層較高的酒樓會在樓上懸掛編織的彩球或者彩帶，使酒樓看起來既漂亮，又高檔。

造車的工匠

茶鋪

說書人

小吃

腳店
供人歇腳的小客店，在當時非常流行。

送餐的夥計

修面的人

繩穿錢幣
北宋時期，人們會用繩子將錢幣穿在一起。

駱駝商隊

轎子中的貴族女性

公共浴室
此時已有公共浴室，甚至還有專門的搓澡工人。

兩邊不討好的蘇東坡

蘇東坡，本名蘇軾，北宋中期的文壇領袖，在詩、詞、散文、書、畫等方面均有很高的造詣，開創了豪放詞風。

蘇東坡年紀輕輕便考中進士，在官場上一路高升。此時正值王安石變法，蘇東坡表示，王安石變法有許多問題沒有解決，不宜立刻施行。於是，蘇東坡被當時掌權的新黨視作政敵，慘遭打壓。

支持變法的宋神宗去世後，舊黨掌權。他們認為蘇東坡是「自己人」，開始重用他。蘇東坡這時候卻表示，新法的一部分內容是可以推廣的。於是，蘇東坡又被舊黨視作政敵，再次遭到打壓。就這樣，蘇東坡接連遭到貶官和流放，甚至在死後，他的作品也遭到了朝廷的封禁。

唐宋八大家

韓愈
代表作《韓昌黎集》。

曾鞏
以散文著稱，代表作《元豐類稿》。

蘇轍
以散文著稱，代表作《欒城集》。

蘇洵
以文學著稱於世，與其子蘇軾、蘇轍被稱為「三蘇」，代表作《嘉祐集》。

李清照

宋代第一女詞人

蘇軾的弟子張耒曾寫過一首詩文 ——《讀中興頌碑》，讚頌平定安史之亂的中興功臣，不久，出現了兩首和詩，其立意比張耒的更加優秀，引起轟動。原來，這兩首和詩的作者竟然是一名妙齡少女 —— 李清照。據說，作詩的那一年，她年僅17歲。

1127年，金軍大舉入侵，李清照與丈夫趙明誠逃往南方避難。在路上，目睹百姓流離失所、國家無所作為的李清照，寫下了千古名句：「生當作人傑，死亦為鬼雄。至今思項羽，不肯過江東。」

逃到南方不久，趙明誠病逝，李清照獨自一人完成了他們夫妻共同撰寫的《金石錄》一書。懷揣著對親人及故土的綿綿思念，李清照寫下了無數哀愁委婉的詞篇，被後世譽為「千古才女第一人」。

王安石
政治家、文學家，代表作
《王臨川集》。

歐陽修
創作不朽名篇《醉翁亭
記》。

蘇軾
豪放派主要代表，代表作
《東坡七集》。

柳宗元
宣導古文運動，代表作有《永
州八記》等。

張擇端與《清明上河圖》

張擇端是北宋末年的宮廷畫師。他幼年時就被北宋都城開封繁花似錦、貿易興盛的景象所吸引，後來也十分喜歡畫大街上的車馬、舟船和市井百姓，他希望用自己的畫筆將這太平盛世的景象記錄下來。

《清明上河圖》是張擇端的傳世名作，畫作的主要內容是北宋都城汴河沿岸的風光和繁華景象。透過這幅圖，我們能看到開封城經濟繁榮，社會充滿活力；也能瞭解百姓的生活和士兵的精神面貌。這幅畫作規模宏大、結構嚴密、人物生動傳神，是中國繪畫史上的稀世珍品。

史學巨著《資治通鑑》

「司馬光砸缸」的故事廣為人知。故事裡那個聰明、勇敢的小司馬光長大後，成為鼎鼎有名的歷史人物，他不僅是宋朝的重臣，還是著名的史學家。

司馬光因為與王安石政見不合退居洛陽，15 年沒有參與朝政。不過，這 15 年司馬光並沒有荒廢。他認為，想要瞭解國家的興衰，就要借鑑過去的歷史。於是，他將全部的精力都投入到編寫史學巨著《資治通鑑》中。

《資治通鑑》記載了從戰國初期到五代共 1300 多年的歷史。司馬光按照時間順序，對歷代史料進行了嚴謹地篩選和整理。宋神宗看後，親自為它題名「資治通鑑」，意思是：「吸取過去的經驗，以為後世服務。」

司馬光

南宋

（1127 年—1276 年）

　　靖康之變，徽宗與欽宗被俘，金國占領中原大地。1127 年，康王趙構打著復興宋室的名義在南京應天府（今河南商丘）即位，後被金軍一路驅趕到江南，又遷都至臨安（今浙江杭州），史稱南宋。

　　這一時期，國家經濟繁榮，對外交流頻繁。景德鎮的瓷器成為中國最耀眼的名片之一，獲得全世界的青睞。

　　而南宋統治者採取消極防禦政策，偏安於江南一地，聯蒙滅金後，為元所滅。

　　與北宋相比，南宋的南部、西南部邊界沒有什麼變化，但北方界線因為金的入侵而不斷南移。南宋與金朝沿淮水（今淮河）至大散關一線為界。

虎思斡耳朵
◎

西 遼

開發東北

金國發跡於東北地區，占據中原後，逐漸將農耕的技術帶回東北地區，使東北地區的經濟迅速發展。

盧溝橋

1189 年 5 月，金世宗下令修建盧溝橋，於 1192 年完工。全橋長 266.5 公尺，採取縱聯式實腹砌築法，十分牢固，歷經千年而不倒，橋上雕刻著數百隻石獅子，形態各異，極具觀賞價值。

牧民

大斡耳朵◎

蒙　　古

青鹽

產於寧夏鹽池縣，西夏人透過青鹽貿易獲取了大量財富。

黃

河

西　中興◎　夏

中都◎

鐵浮屠

金國的精銳騎兵，身披冷鍛甲，打仗勇猛，在與南宋的戰鬥中多次建立功勳。

渤　海

東

海

大散關

大散關即散關，位於陝西寶雞，是「關中四塞」之一。南宋時期，此處是宋金交界之地，雙方在此關卡爆發過多次戰爭，幾乎見證了整個宋金歷史。

南　宋

長江

臨安◎

大

大理

理

白鹿洞書院

白鹿洞書院位於江西九江廬山五老峰，南宋理學大師朱熹曾在此講學，被認為是南宋文化發展的搖籃。

港口貿易

西夏阻斷了陸路上的絲綢之路，故南宋的對外貿易主要集中在「海上絲綢之路」。當時，多個城市設立了市舶司，對外貿易的國家也有數十個。

南　海

◎　都城

--- 政權部族界

—— 今國界

註：金泰和八年，南宋嘉定元年（1208 年）。

77

宋高宗南遷

靖康之變爆發後，宋徽宗、宋欽宗和大批皇族成員、諸多大臣被金軍俘獲。趙宋皇族嫡系中，僅康王趙構幸免於難。

在群臣的擁戴下，趙構於 1127 年在應天府（今河南商丘）即位，史稱宋高宗。然而，這位被寄予厚望的中興之主無心抗金，寵信主張南逃的官員，從應天府逃到揚州，再從揚州逃到臨安（今浙江杭州），又在金軍的窮追不捨下繼續南逃，甚至乘船駛入大海躲避金軍。

局勢穩定後，宋高宗趙構於 1130 年回到臨安，仍以臨安為都城，自此，宋朝的政治中心正式轉移到了長江以南。

宋金開戰

南宋建立不久，金國便頻繁攻擊南宋。金國名將完顏宗弼（兀朮）從燕京（今北京）出發，渡過長江追殺宋高宗。完顏宗弼沒有捉到趙構，卻在撤退途中遭遇南宋名將韓世忠的截擊，10 萬大軍被韓世忠的 8000 水軍包圍於黃天蕩內，經過數十日的艱苦掙扎才得以脫身。

黃天蕩之戰後，宋金局勢開始發生變化。南宋軍隊中，繼韓世忠之後，湧現出吳玠、劉錡、岳飛等優秀將領。各地百姓紛紛團結起來，組織義軍保家衛國，抗擊金人的侵略，經過 10 餘年的戰爭，以岳飛為代表的南宋軍民已經做好收復中原的準備。

歷史便利貼

精忠報國

1141 年，岳飛被秦檜構陷，以謀反罪被關入大牢。御史中丞何鑄奉命審問岳飛為何謀反，岳飛脫下上衣，露出背上所刺的「精忠報國」四個字。何鑄震撼不已，上奏為岳飛鳴冤，卻因此遭到貶官。秦檜隨後更換主審官，將岳飛謀害。

據民間傳說，岳飛後背上的「精忠報國」四個字是北宋滅亡之際，岳飛投軍報國時，他的母親為了讓他永遠銘記初心，用針刺印在他背上的。近千年來，岳母刺字這一典故成為中國忠孝的典範。

1127 年	1138 年	1140 年	1141 年	1161 年	1163 年	1164 年
趙構即位為宋高宗，定都南京應天府（今河南商丘）	宋金第一次議和	金國背盟，岳飛北伐	宋金簽訂紹興和議，岳飛被捕	金國再次背盟，完顏亮南征南宋	隆興北伐	南宋軍戰敗，宋金簽訂隆興和議

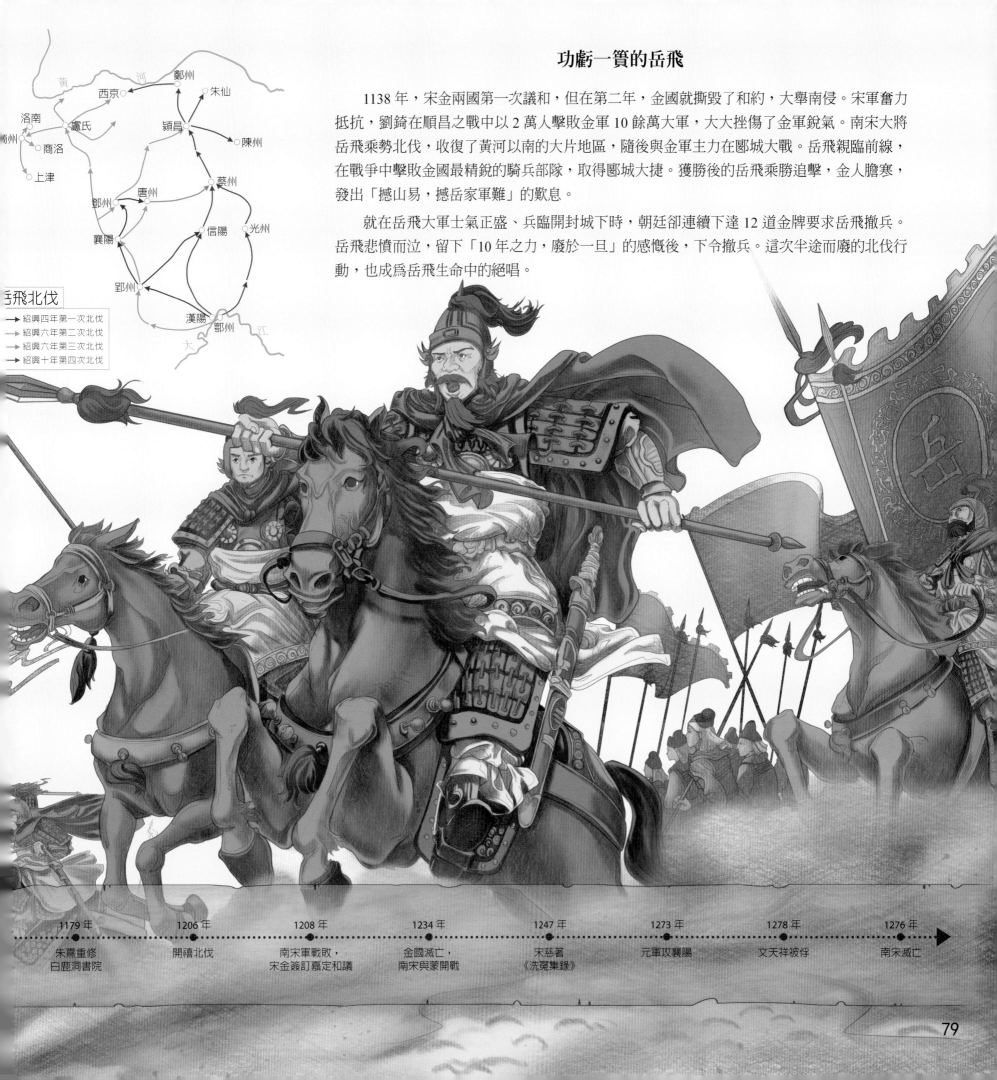

功虧一簣的岳飛

　　1138 年，宋金兩國第一次議和，但在第二年，金國就撕毀了和約，大舉南侵。宋軍奮力抵抗，劉錡在順昌之戰中以 2 萬人擊敗金軍 10 餘萬大軍，大大挫傷了金軍銳氣。南宋大將岳飛乘勢北伐，收復了黃河以南的大片地區，隨後與金軍主力在郾城大戰。岳飛親臨前線，在戰爭中擊敗金國最精銳的騎兵部隊，取得郾城大捷。獲勝後的岳飛乘勝追擊，金人膽寒，發出「撼山易，撼岳家軍難」的歎息。

　　就在岳飛大軍士氣正盛、兵臨開封城下時，朝廷卻連續下達 12 道金牌要求岳飛撤兵。岳飛悲憤而泣，留下「10 年之力，廢於一旦」的感慨後，下令撤兵。這次半途而廢的北伐行動，也成為岳飛生命中的絕唱。

岳飛北伐
→ 紹興四年第一次北伐
→ 紹興六年第二次北伐
→ 紹興六年第三次北伐
→ 紹興十年第四次北伐

1179 年	1206 年	1208 年	1234 年	1247 年	1273 年	1278 年	1276 年
朱熹重修白鹿洞書院	開禧北伐	南宋軍戰敗，宋金簽訂嘉定和議	金國滅亡，南宋與蒙開戰	宋慈著《洗冤集錄》	元軍攻襄陽	文天祥被俘	南宋滅亡

孝宗之治

1162 年，趙昚（ㄕㄣˋ）即位，史稱宋孝宗。他在位期間，改革朝政、整肅吏治、加強集權、恢復農業，使此前因戰爭遭到破壞的南宋經濟獲得極大程度的恢復。

軍事方面，宋孝宗爲岳飛平反、撫恤人心，啓用主戰派大臣、整軍經武，加強了南宋國防。

這一時期的南宋，政治清明、社會穩定、經濟繁榮，在內政和外交方面均取得了良好的成果，後人將這一時期稱爲「孝宗之治」。

聯蒙滅金

就在宋、金兩國各自穩步發展經濟時，蒙古部落首領鐵木眞已統一蒙古高原各部，建立了強大的大蒙古汗國，並向金國發動攻擊。與蒙古大軍交戰，金軍屢戰屢敗，丟失了黃河以北的大片土地。

1233 年，蒙古派遣使者來到南宋，商議聯兵滅金之事。此時，儘管有部分頭腦清醒的大臣提出唇亡齒寒的異議，但由於宋、金兩國的百年仇怨，宋理宗還是同意了蒙古使者的請求，派大軍與蒙古軍聯合夾擊金國。

1 年後，宋蒙聯軍攜手攻破了金國的都城蔡州，金國最後兩任皇帝金哀宗和金末帝先後上吊自盡、被殺。伴隨著金國的滅亡，一個更加可怕的敵人也悄然來臨。

蒙古攻宋

金國滅亡後，南宋與蒙古國的領土正式接壤。由於蒙古毀約，未把河南全部交付南宋，趁蒙古軍北撤時，南宋於金滅亡的同年迅速出兵，收復了黃河以南的開封、洛陽等重鎮，史稱「端平入洛」。但隨著蒙古帝國的反擊，南宋幾乎瞬間再度失去這些土地。蒙古以此為藉口向南宋宣戰，宋蒙戰爭正式爆發。

南宋與蒙古的戰爭持續了 50 餘年。面對強大的蒙古汗國，南宋軍民頑強抵抗，誓死不屈。

1260 年，忽必烈成為蒙古大汗後，對南宋展開了更加猛烈的攻擊。

1273 年，蒙古軍隊攻破襄陽後，長驅直入，不到 3 年便消滅了南宋主力軍隊，並攻克了臨安。皇族倉皇出逃，宋恭帝投降。

厓山海戰

1279 年，一路南逃的南宋朝廷被蒙古大軍逼入今天廣東江門的厓山鎮內。南宋朝廷集結最後的力量組成一支水軍，與新成立的蒙古海軍在厓山交戰。

蒙古海軍雖戰船不及宋軍多，但士氣上卻遠遠高於由殘兵敗將臨時拼湊的南宋軍隊。蒙軍主帥張弘範在戰鬥中設置伏兵，突襲宋軍船隊，大敗宋軍。

載有皇帝的船隻被蒙古戰船包圍，南宋宰相陸秀夫眼見突圍無望，為免受辱，背著年僅 7 歲的小皇帝趙昺（ㄅㄧㄥˇ）投海自殺。南宋政權滅亡。

南宋時期是中國自漢代以來對商業貿易管控最為寬鬆的時期。唐朝時期，僅在廣州一個城市設立市舶司進行對外貿易，而南宋朝廷則先後在杭州、明州、泉州、密州設立市舶司或市舶務，對外貿易的開放程度達到前所未有的高度。當時與中國通商的有 50 多個國家和地區，如高麗、日本、占城、真臘、大食、三佛齊等，大多分布在南洋群島與亞洲南部、西南部的沿海地區。

城市化的發展

商業經濟的空前繁榮使城市化進程獲得了突破性的進展。城牆已不再是市區與郊區的分界線，城市的邊界不斷拓展。南宋堪稱古代城市化程度最高的朝代，爲此前的漢唐、之後的明清所不及。

正店
大型的酒樓被稱爲正店，文人墨客喜歡將這裡當作聚會交友的平臺。

佛塔
高聳入雲的佛塔，用來供奉舍利或經文。

金銀珍寶鋪
由於商業經濟的繁榮，中國歷史上最早的金融行業出現了。金銀鋪便是專門提供各類金銀貨幣乃至紙幣的兌換及借貸的場所。

頭上戴花的文人
那個時代流行簪花飲酒，男人也會頭戴花朵。

跳舞的舞姬
爲了讓客人喝酒更有興致，酒樓會請來舞姬助興。

醫鋪

賣書的商人
印刷術的改進使書籍變得便宜，各種志怪小說也在此時流行起來。

解字鋪

吟詩作對的詞人
按詞牌的格式填寫出的詩文被稱爲詞，在文人之間非常流行。

頹廢的文人
十年寒窗的他最終名落孫山，只能喝酒解憂。

禮數周全的文人

酒

小攤販

店小二

交椅
在當時，交椅是常見的家具，後演變爲太師椅。

乘坐轎子的官員
士大夫出行通常乘坐轎子。

轎夫

扛交椅的僕役

書生

講學的高僧
南宋時期，佛學發展十分昌盛，僧人四處講學傳教。

最搶手的商品

　　南宋時期，伴隨著製瓷工藝的進步，瓷器取代絲綢成為「絲綢之路」上最受歡迎的商品。南宋的瓷器分為官窯瓷器和民窯瓷器，官窯是由政府出資創辦的瓷器作坊，主要集中於都城及周邊地區，所生產的瓷器專供宮廷使用；民窯則指的是民間瓷器作坊，主要用於對外貿易和民間銷售，景德鎮的民窯瓷器最出眾，在國內外都享有盛譽。瓷器上華麗的釉彩與獨特的冰裂紋技術是當時中國瓷器工藝界的不傳之秘。西方世界直到 500 多年後才擁有製瓷技術。

大馬士革

大食

天竺

黃河

大江

密州

開京

高麗

臨安

明州

南宋

泉州

廣州

日本

平安京

大越

占城

真臘

南海

渤泥

三佛齊

闍婆

▶ 市舶司
⚓ 主要貿易港口
— 海外貿易路線

漁船

貨船

阿拉伯商船
從遠方來的阿拉伯商人與南宋聯手壟斷了世界大半海洋貿易。

停靠的船隻
南宋時期的民間商船，擁有當時全世界最先進的水密艙技術。

做法事的僧人

景德鎮的瓷器
景德鎮最有名的是青白瓷，素有「假玉器」之稱。

絲綢

阿拉伯商人
他們將南宋的絲綢轉售到歐洲便可獲得豐厚的利潤。

稅務所
南宋設立市舶司，委派官員負責監督商船貨物運輸以及納稅。

交子
世界上最早的紙幣。

官船

清點貨物的官員

糧食

蹴鞠
當時最流行的遊戲就是蹴鞠，它是現代足球的原型。

臉上被刺字的犯人

茶寮

善良的茶舍老闆

蘇州特產水稻
從越南占城引進而來的優質稻種，一年可熟兩到三次，產量很高。

搬運工

乞丐

街頭小兒

騾車

運貨的駱駝

朱熹

「程朱理學」的朱熹

理學，是以研究儒家經典義理為宗旨的學說，也就是所謂的義理之學。「朱」指的是朱熹，他是程顥和程頤的四傳弟子，與二程合稱「程朱學派」，也稱「程朱理學」。「程朱理學」是南宋的一大特色文化。

南宋開禧年前後，理學著作陸續傳入北方，並在北方產生了很大影響，促進了北方理學的興起。朱熹的理學開始流行。朱熹也被譽為南宋理學造詣最深、影響最大的集大成者。他的理學思想對元、明、清三朝影響深遠，是這三個朝代的官方哲學。

大材小用的辛棄疾

金國皇帝完顏亮撕毀與南宋簽訂的紹興和議，宋金戰爭再度爆發。

宋金交戰的第二年，義軍將領辛棄疾在一場戰鬥中率領 50 名騎兵突襲敵營，俘虜敵將後投奔南宋，得到宋高宗親自接見。

此時，辛棄疾滿懷報國熱情，提出了一系列戰略計畫，希望能夠收復中原，建功立業。然而，南宋朝廷偏安一隅，毫無進取之心，辛棄疾的戎馬生涯剛剛開始，便已結束。

之後的 45 年，辛棄疾一直被委派擔任南宋的地方官吏，他多次遞交關於北伐的奏章都沒得到批覆，萬般無奈的他只能藉詩詞抒發情感，成為南宋豪放派詞人的代表。

1207 年，67 歲的辛棄疾病逝，臨終時仍大喊：「殺賊，殺賊……。」

破陣子

醉裡挑燈看劍，
夢回吹角連營。
八百里分麾下炙，
五十弦翻塞外聲。
沙場秋點兵。

馬作的盧飛快，
弓如霹靂弦驚。
了卻君王天下事，
贏得生前身後名。
可憐白髮生！

辛棄疾

寧死不屈的文天祥

1278 年，南宋宰相文天祥被元軍俘獲。元軍將領張弘範對他百般誘降，文天祥將一首《過零丁洋》交給他。看到文中「人生自古誰無死？留取丹心照汗青」後，張弘範知道文天祥的堅定，便不再逼迫他。

南宋滅亡後，文天祥被押往元大都（今北京）。元世祖忽必烈求賢若渴，親自招降文天祥，最終失敗，忽必烈問他還有什麼願望，文天祥淡然表示，只求一死。

文天祥死後，有人從他衣服中發現一首絕命詩：「孔曰成仁，孟曰取義，唯其義盡，所以仁至。讀聖賢書，所學何事，而今而後，庶幾無愧。」意思是，我們學習聖人的思想，是為了把仁義、道德做到極致，這樣就沒什麼可慚愧的了。

過零丁洋

辛苦遭逢起一經，干戈寥落四周星。
山河破碎風飄絮，身世浮沉雨打萍。
惶恐灘頭說惶恐，零丁洋裡嘆零丁。
人生自古誰無死？留取丹心照汗青。

文天祥

示兒

死去元知萬事空，
但悲不見九州同。
王師北定中原日，
家祭無忘告乃翁。

陸游

壯志未酬的陸游

陸游出身南宋的名門望族，自幼聰慧過人，深明大義。成年後，陸游志在報國，以收復中原為己任。然而，陸游耿直的性格使他在官場屢遭挫折，先被宰相秦檜嫉恨，後又遭到主和派攻擊，鬱鬱不得志。

1207 年，南宋北伐失敗。陸游聽聞這個消息後悲痛不已，不久病入膏肓。1210 年，85 歲的陸游留下遺囑「王師北定中原日，家祭無忘告乃翁」後，抱憾離世。

搭建蒙古包

蒙古包

哈拉和林
蒙古國的都城，曾一度成爲世
界的中心，整個歐亞大陸都曾
臣服於它。

南遷的北方民族

民族交融
元朝時期，來自各地的少
數民族與漢族長期雜居、
通婚，極大促進了各民族
之間的交融。

大都

大都
忽必烈下令修建的都
城，是今北京城的前
身。

渤 海

討伐中亞國家

怯薛軍
怯薛軍是成吉思汗組建
的一支禁衛部隊，成員
全是蒙古貴族子弟。

元

行省制度
元朝建立之後，將全國
劃分爲十個行省。

平民

河 東

驛站制度
元朝修建了覆蓋全國的陸
路交通網，使中央下達的
命令在較短的時間內傳到
各地。

元朝與東非

大

江

海

南 海

元　朝
（1271 年—1368 年）

1206 年，成吉思汗建立蒙古國，1271 年，忽必烈改國號為大元，次年定都於大都（今北京）。1276 年，元軍攻入南宋都城臨安（今浙江杭州），南宋滅亡。南宋大臣陸秀夫、文天祥等人擁立南宋宗室，繼續展開抗元鬥爭。1279 年，元軍攻滅南宋殘部，統一全國。

元朝疆域遼闊，東、南到海，西抵今新疆以西，西南至西藏和雲南，北面包括西伯利亞大部，東北到鄂霍次克海，為近代中國版圖的形成奠定了基礎。

元朝時期，各民族間經濟文化交流頻繁，對外貿易繁盛，當時世界上最大的港口在今天的泉州。同時，元朝科技進步，文化繁榮，元曲名家輩出。

但是龐大的元朝，建國之初就面臨民族問題的困擾，到了後期，民族問題和社會矛盾十分尖銳。1368 年，元朝被朱元璋領導的起義推翻。

《農桑輯要》

◎　都城
－－　政權部族界
——今國界

註：至元十七年（1280年）。

厓山海戰

忽必烈建元

1259 年，成吉思汗的孫子、蒙古國的大汗蒙哥在釣魚城戰役中受傷，不久後去世。他的兩個弟弟忽必烈與阿里不哥為爭奪汗位開戰。1264 年，忽必烈擊敗阿里不哥，奪得汗位。1271 年，忽必烈正式建立元朝。

1276 年，元軍攻入臨安，南宋滅亡，南宋大臣文天祥、陸秀夫等人仍頑強抵抗。3 年後，在厓山海戰中，南宋最後的抵抗力量被消滅。

元朝對吐蕃的管轄

唐朝之後，吐蕃地區陷入長期的分裂和混亂狀態。蒙古帝國崛起後，曾派軍隊進駐吐蕃。成吉思汗的孫子闊端負責管理西南地區，他採取文武並用的方法，先派兵攻占吐蕃地區，之後又向吐蕃地區採取懷柔政策，並邀請當時吐蕃著名的宗教領袖——薩迦·班智達前來會面，商談吐蕃歸順蒙古之事。雙方取得共識，使吐蕃地區（西藏）成為元朝領土。

闊端

薩迦·班智達

戰場上廝殺的士兵

窮兵黷武的王朝

忽必烈消滅南宋後，並沒有停下對外擴張的腳步，兩次跨海遠征日本，同時還征戰東南亞各國。由於蒙古軍不適應日本和東南亞各國的氣候、環境，戰爭基本以失敗告終。

不斷的征伐讓百姓疲憊不堪，國內接連爆發人民起義，為日後元朝的滅亡埋下伏筆。

紅巾軍之亂

元朝末年，黃河經常氾濫，沿岸的百姓生活在水深火熱之中。朝廷徵調近 20 萬百姓去挖黃河故道，整治洪水。監工的官吏十分殘暴，引起百姓的憤恨。韓山童、劉福通趁機煽風點火，一邊散布民謠「莫道石人一隻眼，挑動黃河天下反」，一邊偷偷鑿了個獨眼石人，埋進將要挖開的河道。當石人被挖出時，大家驚呼：「天意如此，看來朝廷要滅亡了。」韓山童、劉福通趁機造反，史稱「紅巾軍之亂」。

因起義籌備期間不慎洩密，韓山童被元軍抓獲並處死。劉福通領導剩下的軍隊四處作戰，連連獲勝，多次擊敗元朝軍隊。然而，最終還是被元軍平定了。

人民起義

一代天驕成吉思汗

南宋時期，蒙古高原上生活著許多游牧部落。他們生活十分艱苦，文明程度也不高，部落間經常發生戰爭，而且還遭受金國的壓迫。

1162 年，鐵木眞在蒙古高原誕生了。年幼時，其父被其他部落的敵人殺害，鐵木眞與母親、兄弟在草原上艱難求生。

苦難的童年生活造就了鐵木眞鋼鐵般的意志。成年後，他憑藉著勇氣與智慧，獲得牧民們的擁戴，成爲部落首領。他帶領部落逐漸發展壯大，並擊敗了周邊很多部落。經過數十年的征戰，鐵木眞於 1206 年統一蒙古高原各部，建立了統一的國家——蒙古汗國。鐵木眞被各部落首領尊爲「成吉思汗」，意思是「如大海般強大的君王」。

成吉思汗

1162 年	1206 年	1211 年	1227 年	1234 年	1271 年
鐵木真出生	鐵木真統一蒙古各部，被尊稱為「成吉思汗」	蒙古攻金	蒙古滅亡西夏	金滅亡，宋蒙衝突開始	忽必烈建立元朝

成吉思汗對外擴張

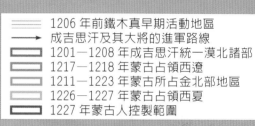

蒙古汗國的擴張與分裂

　　鐵木真統一蒙古草原後，繼續對外擴張，先後擊敗了強大的金國與西夏，將中國北方的大部分地區都納入蒙古汗國的版圖，向西征服了今天的新疆和中亞地區，使周邊許多小國紛紛臣服。

　　鐵木真死後，他的子孫繼續對外擴張，消滅了金、西夏、大理、南宋等政權，並發動了數次西征，一路向西打到歐洲的匈牙利境內，構建了中世紀歐亞最大的帝國體系。

　　伴隨著一代代蒙古君主的更替，蒙古汗國內部的許多汗國也分裂了。忽必烈建立元朝之後，蒙古在西方建立的欽察汗國、伊兒汗國等也已經基本完成了獨立，曾經龐大的蒙古汗國，開始瓦解。

≡≡≡	1206 年前鐵木真早期活動地區
→	成吉思汗及其大將的進軍路線
▭	1201—1208 年成吉思汗統一漠北諸部
▭	1217—1218 年蒙古占領西遼
▭	1211—1223 年蒙古所占金北部地區
▭	1226—1227 年蒙古占領西夏
▭	1227 年蒙古人控製範圍

1274 年	1279 年	1314 年	1351 年	1367 年	1368 年
元朝下詔攻宋	元統一全國	元朝恢復科舉制，史稱「延祐復科」	紅巾軍之亂爆發	朱元璋攻破蘇州，俘虜張士誠	朱元璋攻克元大都，元朝滅亡

元日戰爭

忽必烈建立元朝之後，派遣使者前往日本，希望日本能夠尊元朝爲宗主國，雙方保持友好往來。日本拒絕了元朝的要求，繼續和南宋保持著聯繫。忽必烈大怒，決定遠征日本。

1274 年，忽必烈命忻都、洪荼丘率水陸軍 1.5 萬人東征日本，攻打對馬島、壹岐島，日本幕府調兵 10 萬迎戰，被元軍擊敗。元軍雖連戰連捷，但因軍糧補給問題而退兵。

1281 年，忽必烈又發動第二次對日遠征，史稱「弘安之役」。然而，這次日軍防禦充分，元軍發動多次猛攻都無法突破日軍防線。雙方僵持之時，颱風突然出現，元軍的艦隊遭到嚴重破壞，日軍趁機反擊，取得勝利。

此次對日遠征的失敗，打破了蒙古軍隊戰無不勝的神話，自此，元朝擴張的節奏慢了下來。

元日戰爭

金川

大宰府

東

海

- - - 第一次征日路線
—— 第二次征日路線

歷史便利貼

神風！神風！

面對「天下無敵」的蒙古大軍，日本國民一度產生巨大的擔憂和畏懼情緒。因此，當元朝征日因突如其來的颱風遭受重創後，日本全國上下掀起了對颱風的崇拜，認為這是天神降下的保衛日本國土的「神風」。

據說，第二次世界大戰時期，日本軍隊在戰局不利時，曾組織「神風特攻隊」，希望再現元日戰爭的奇蹟。

觀看戲曲的人
元朝戲曲很流行，人們喜歡聚集在勾欄瓦舍附近觀看戲曲。

《竇娥冤》
正在表演的戲曲是《竇娥冤》，講述了一位女子遭到誣告被冤殺的故事。其劇情十分經典，一直流傳至今。

紙幣
元朝無論是收稅，還是交易，都以紙幣爲主。

逃難的饑民

新的運河
元朝建立後，在華北和山東地區開鑿了新的運河，使大都和江南地區的交通更加順暢。

收稅的色目人
元朝一度實行包稅制，色目商人可以花一筆錢買下收稅的權力，然後自己到民間收取稅款。

與西方世界的交流

　　蒙古的對外擴張並不僅限於當時中國的版圖，在忽必烈建立元朝的同時，成吉思汗的子孫已經征服了東歐、中亞和西亞的許多地區，建立了包括欽察汗國、伊兒汗國在內的許多國家。這些汗國都尊元朝爲宗主國，與元朝往來頻繁。透過這些國家，元朝統治者的視野拓展到了亞洲之外。

　　元朝鼎盛時期與多個國家建立了貿易關係。許多來自西方的商人、學者和旅行家對元朝趨之若鶩，著名的義大利商人馬可・波羅便是在這一時期來到中國的。他們將中國的四大發明帶到西方世界，極大地促進了歐洲科學技術的發展。而西方的天文、曆法等知識也傳入中國，並受到元朝統治者的重視。

造車的木匠
元朝對工匠收稅較低，所以許多農民都改行當工匠了。

媽祖廟
源自東南沿海地區的海神信仰，元朝時流傳到了北方。

傳教的白蓮教教徒
元朝後期，白蓮教在民間逐漸流傳開來，他們四處宣傳朝廷的弊端，鼓動人們推翻朝廷。

押運中的火炮
元朝時火器已得到廣泛運用，這些火炮能在前線發揮極大威力。

奔馳的驛卒
策馬奔馳的驛卒，在傳遞資訊。

牧民

忙碌的漕船
元朝都城及附近所需糧食主要從南方調入，運河上的漕運十分忙碌。

跑馬的蒙古貴族
蒙古貴族將許多田地改造成牧場，以供他們跑馬和放牧。

牧民居住的蒙古包
蒙古牧民居住的屋子，建造和搬遷都很方便。

摔跤的蒙古男人
蒙古族的一種傳統體育活動，一直流傳至今。

路過的蒙古軍隊
元朝的軍隊以蒙古騎兵為主，他們不僅武藝高超，而且裝備精良，是那個時代最強大的軍事力量。

學習儒學的蒙古人
元朝時期也有部分蒙古人仰慕漢文化，主動學習儒學。

馬奶酒

95

紙幣的推廣

宋朝時，紙幣在部分地區已經開始流通。1260 年，忽必烈印製發行「中統元寶交鈔」，作爲唯一的法定貨幣通行全國。1287 年，又發行「至元通行寶鈔」，簡稱「至元鈔」，與「中統元寶交鈔」並行近百年。當時，紙幣的購買力很高，而且在今越南、東南亞一帶也能使用。到了元末期，朝廷爲了籌集軍費平定亂事，大量發行紙幣，引發了通貨膨脹，貨幣變成了廢紙，百姓的生活受到了極大影響。

交子

風靡一時的元曲

在元代，由於讀書人遭到打壓，很長一段時間沒有科舉考試。因此，大量文人爲了生存投入戲曲創作，使這一時期的戲曲藝術蓬勃發展。當時，雜劇作家約有 200 人，劇目多達 600 多種。《西廂記》、《竇娥冤》等優秀作品被傳唱數百年，流傳至今。

突火槍

火器的發展

中國是火藥的發源地。南宋時期，就有人在竹管中裝填火藥和彈丸，將其點燃，彈丸便會飛射出去，擊傷敵人，這便是世界上最早的槍械——突火槍。

到了元朝，蒙古人發現了火藥的巨大潛力，在南宋突火槍的基礎上，他們又研製出著名的「火銃」。火銃是用金屬管替代竹管製作的武器，同樣靠發射彈丸擊傷敵人，它的原理與我們今天的槍械十分接近。後來，元朝的火藥技術傳入阿拉伯地區，之後又傳入歐洲，對歐洲的社會變革發揮巨大的推動作用。

關漢卿　　　　　　馬致遠　　　　　　白樸　　　　　　鄭光祖

馬可 · 波羅萬里赴華

　　馬可 · 波羅是義大利的著名旅行家。馬可 · 波羅小時候，其父親與叔叔曾經運載貨物來到東方，朝見了當時的蒙古大汗，並將大汗寫給羅馬教皇的信帶回了歐洲。年幼的馬可 · 波羅聽完父親講述的關於東方的見聞後，便產生了對中國的無限嚮往。

　　1275 年，在克服了無數艱難險阻之後，馬可 · 波羅一行三人抵達元大都（今北京）。精明能幹、學識淵博的馬可 · 波羅得到忽必烈的賞識，被任命為使臣。

　　馬可 · 波羅在中國旅居 17 年，還在元朝政府做了 3 年的官，他幾乎考察、遊覽了整個中國，對中國的富饒與強大震驚不已。

　　回到歐洲後，馬可 · 波羅將自己的所見所聞，寫成《馬可 · 波羅行紀》一書，激起了歐洲人對東方的無限嚮往，對後來新航路的開闢有巨大的推動作用。

歷史便利貼

元曲四大家

　　元朝的戲曲藝術經過多年發展，逐漸形成了眾多流派。戲曲作家中有四位最為優秀，他們分別是關漢卿、馬致遠、鄭光祖與白樸，合稱「元曲四大家」。這四人當中，關漢卿的名氣最大，為元曲四大家之首。

馬可 · 波羅

97

明　朝

（1368 年—1644 年）

1368 年，朱元璋稱帝，國號大明，定都應天府（今南京）。

明朝初期，建立了較具規範的國家制度，傳統農業和手工業都有很大的發展，多次大興水利，鼓勵農民種植經濟作物，商業經濟也空前繁榮。同時，明朝政府實行對外開放政策，有鄭和七下西洋的偉大壯舉；軍事方面，創立了以衛所為骨幹的軍事制度，還有神機營這樣的先進軍隊；教育方面，設立全國最高學府國子監。

但是到了明朝中後期，政治日益敗壞，宦官專權越演越烈，饑荒導致流寇。1644 年，李自成領導的流寇攻占北京，明朝滅亡。

渾天儀（南京）

觀象臺（北京）

亦力把里◎

亦　力　北

徐光啓與利瑪竇

李時珍
明朝名醫，著有《本草綱目》。

徐霞客
明朝著名地理學家、文學家和旅遊家。

唐寅
明朝著名詩人、畫家。

瓦剌

剌

韃靼

瓦剌、韃靼
元朝滅亡後，北方的蒙古勢力分裂爲瓦剌與韃靼兩部。

里

錦衣衛
朱元璋設立的特務機構，負責緝捕巡查，收集官員的不法罪證。

韃靼

景泰藍

西班牙白銀
西班牙人殖民美洲之後獲得了大量白銀，其中有很多都用來購買中國的商品，大量白銀流入中國。

奴兒干都司
明朝在東北地區設立的部門，負責管理當地的少數民族。

女真族崛起

倭寇
明朝中後期，日本的武士、浪人開始頻繁侵擾中國的東南沿海地區，他們被稱作「倭寇」。

衛所制
明朝實施衛所制度，給予士兵固定的田地，要求他們世世代代都必須當兵。

明朝戲曲

京師

紫禁城
明成祖朱棣在北京修建了著名的紫禁城皇宮，也就是今天的故宮。它是世界上現存規模最大、保存最爲完整的木質結構古建築之一。

渤 海

萬曆朝鮮戰爭

明

黃 河

神機營
明朝三大禁軍之一，是一支專門負責掌管火器的特種部隊。

東 海

戚繼光抗倭

葡萄牙船隻

大 江

荷蘭商人

荷蘭占臺
荷蘭於1624年占領臺灣，後來被鄭成功驅逐。

鄭成功收復臺灣

澳門 ○ ○香港

南 海

鄭和船隊
明成祖朱棣派遣宦官鄭和率領船隊「下西洋」，向其他國家宣揚明朝國威。

◎ 都城
－－ 政權部族界
－－ 今國界

註：宣德八年（1433年）。

99

靖難之役

　　朱元璋死後，他的孫子朱允炆繼承了皇位，史稱建文帝（亦稱明惠帝）。當時明朝國內有許多地方藩王都是朱元璋的兒子。這些藩王實力強大，對中央皇權形成潛在威脅，於是，朱允炆試圖透過削藩的方式收回權力。結果，藩王之中實力最強的燕王朱棣以「清君側」（消滅皇帝身邊的奸臣）的名義發動叛亂，史稱「靖難之役」。

　　靖難之役初期，朱允炆集結了數十萬大軍進攻朱棣，朱棣雖然只有幾萬軍隊，卻因為他指揮有方屢戰屢勝。最後，經過3 年的戰爭，朱棣率領大軍一路攻破了都城應天府，朱允炆失蹤。朱棣即位，史稱明成祖。

乞丐變皇帝

　　元朝末年，朝廷賦稅沉重，百姓食不果腹。

　　朱元璋是元朝末年濠（ㄏㄠˊ）州的一個貧民，其父母和兄長都在一場饑荒中餓死，獨剩他一人艱難求生。他做過和尚，當過乞丐，嘗遍了人間疾苦。

　　後來，各地爆發抗元事件，一無所有的朱元璋於 1352 年加入郭子興的起義軍。由於他生性勇敢、足智多謀，很快便脫穎而出，成為起義軍將領，出任左副元帥。

　　經過多年征戰，朱元璋於 1368 年在應天府稱帝，建立明朝。明朝大軍一路向北，將元朝皇帝趕出都城。

1368 年	1399 年	1405 年	1420 年	1449 年	1519 年	1553 年	1565 年
朱元璋稱帝，建立明朝	靖難之役爆發	鄭和第一次下西洋	明成祖朱棣設立東廠，紫禁城建成	土木堡之變	寧王叛亂（又稱宸濠之亂）	葡萄牙人獲得澳門的居住權	戚繼光、俞大猷基本平定倭亂

鄭和七下西洋

明成祖朱棣在位期間，國力強盛。為了提升明朝在世界上的地位和威望，朱棣下令組建了一支由 60 多艘海船、2 萬多名船員組成的強大艦隊，派最信任的宦官鄭和統領，南下西洋。

1405 年至 1433 年間，鄭和前後七次下西洋（今印度洋海域），遠航西太平洋和印度洋，最遠到達過非洲的東海岸和紅海沿岸。

經過這七次聲勢浩大的遠航行動，明朝聲威遠揚，許多國家紛紛派使者來中國朝貢、貿易。鄭和七下西洋的壯舉譜寫了中國航海史上的輝煌篇章，但最終因耗資太大而終止。

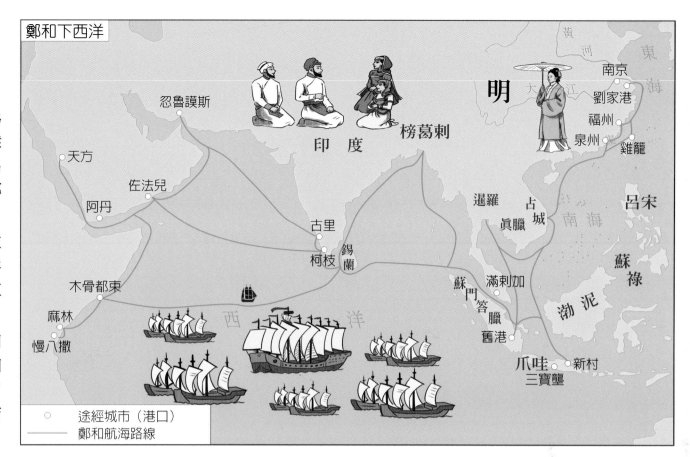

鄭和下西洋

忽魯謨斯　印度　榜葛剌　明

南京
劉家港
福州
泉州
雞籠

天方
佐法兒
阿丹
古里
錫蘭
柯枝

暹羅　占城
眞臘

呂宋

蘇門答臘
滿剌加
舊港

蘇祿

渤泥

木骨都束
麻林
慢八撒

西洋

爪哇　新村
三寶壟

○ 途經城市（港口）
—— 鄭和航海路線

歷史便利貼

神祕的麒麟

鄭和船隊在下西洋的過程中，曾經路過一個小國 —— 榜葛剌。這個國家曾兩次派遣使者向明朝進獻當地特產，這些特產中，包括巨大的長頸鹿。此前，中國人沒見過長頸鹿，認為牠是上古傳說中的瑞獸麒麟，還畫了這張《榜葛剌進貢麒麟圖》。

1573 年	1592 年	1618 年	1619 年	1624 年	1630 年	1644 年
張居正開始改革	寧夏之役	努爾哈赤反明	薩爾滸之戰，明軍大敗	楊漣彈劾魏忠賢二十四大罪	李自成起義	流寇攻入北京，明朝滅亡

京師

朝鮮

渤海

登州

東海

日本

戚

南

明

京

杭州

台州

黃海

福

橫嶼

仙游

福州

牛田

平海衛

建

東

廣州

南澳山

廣

南海

▨	倭寇侵擾地區
⬅	倭寇侵擾路線
←	戚家軍反擊路線
✕	戚家軍殲滅倭寇主要地點

戚繼光抗倭

明朝中期，由於中國東南沿海地區一直處於和平的環境，所以，海上的軍事防務十分鬆懈。此時日本正處於劇烈的社會動盪中，許多倭寇來到中國沿海結合部分中國人進行走私和搶劫的海盜活動，沿海人民深受其害。

戚繼光臨危受命，組建了一支部隊。由於戚繼光的部隊訓練有素、紀律嚴明且能征善戰，被稱為「戚家軍」。

1561 年，戚繼光率領戚家軍在浙江台州與倭寇大戰，九戰九捷。後來，他又率軍進入福建、廣東等地，在廣大軍民的配合下基本平定了東南沿海地區的倭患。

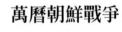

萬曆朝鮮戰爭

東南沿海地區的倭寇被平定後，東北邊境的朝鮮又起紛爭。日本當時的統治者豐臣秀吉派軍侵略朝鮮。朝鮮的都城很快被攻破，朝鮮國王向明朝求救。明神宗（年號萬曆）派大將軍李如松率軍馳援朝鮮。

李如松率領精銳部隊跨過鴨綠江，在平壤之戰中大敗日軍，遏制了他們繼續侵略的野心。隨後，日本與明朝一邊談判，一邊交戰。幾年後，日本同意撤離朝鮮，但提出要派海軍去朝鮮接日本陸軍撤退。

明朝海軍統帥陳璘與朝鮮海軍名將李舜臣得知日軍的意圖後，打算聯手攔截日軍的撤退部隊。於是，露梁海戰爆發。在此戰中，李舜臣與鄧子龍先後陣亡，他們的犧牲進一步鼓舞了士氣，日本海軍主力最終被擊敗。此後近300 年，日本再也不敢侵犯朝鮮。

鄭成功收復臺灣

明朝中期，歐洲進入大航海時代，他們跨海遠航，四處占領殖民地。葡萄牙人在 1553 年進入澳門，以租地為由，長期定居；荷蘭人為尋求東北亞貿易據點，而先到澎湖，因被明朝諭退，後轉赴臺灣。當時的明政府忙於應付流寇之亂及後金的侵擾，無暇顧及海上事務，1624 年荷蘭人占領臺灣，並統治了臺灣 38 年，直到鄭成功出現。

鄭成功是明朝的將軍，明朝滅亡後，他依然以明朝臣子的名義在沿海一帶堅持抗清。為長期對抗清朝，因此收復臺灣，作為反清復明的根據地。

1661 年，鄭成功率領 2.5 萬名將士，率數百艘戰船從金門出發，抵達臺灣島南部，與荷蘭軍隊交戰。

鄭成功將荷蘭人圍困於熱蘭遮城 9 個月，荷蘭人宣布投降。

流寇滅明

明朝末年，政治腐敗，稅收繁重，百姓苦不堪言。適逢陝西遭遇大旱，饑民遍野，無路可走的百姓掀起了流寇之亂。

流寇中，李自成打著「均田免賦」的口號，獲得廣大群眾的支持。當時北方很多地方流傳著「殺牛羊，備酒漿，開了城門迎闖王，闖王來了不納糧」的口號。

1644 年，李自成率領流寇攻入北京。所到之處，明朝軍隊紛紛開城投降，毫不抵抗。李自成進入北京城後，明朝的崇禎皇帝在煤山（今景山）上吊自盡。自此，延續了 276 年的明王朝正式宣告滅亡。

富足的明朝經濟

明朝時，農業、手工業和商業都在元朝的基礎上穩步發展，商業經濟非常繁榮。明朝的富商巨賈大多擁有雄厚的財力，他們往往在沿海重鎮開設幾個或幾十個店鋪，並僱用大量的奴僕和工人從事生產經營。

桎梏士人的八股文

明朝成化年間的科舉制度與此前歷朝的科舉制度有所不同，要求儒生解題時必須以朱熹的《四書集注》為標準，不得隨意發揮。此外，它還要求考生所寫的文章必須由八個部分組成，且後四個部分必須有兩股排比對偶的文字，這種文體被稱為「八股文」。用八股文寫出的文章，大多內容空洞、脫離實際。清初思想家顧炎武曾說「八股之害，等於焚書」，認為八股文的危害等同於秦始皇焚書坑儒，禁錮了民眾的思想，限制了人才，危害了國家。

教書的秀才
考不上舉人的秀才，一般會去教書。

逃亡的衛所士兵
衛所的士兵入了「軍籍」，必須世代當兵，不能從事其他行業，因此經常有人逃跑。

地方士紳

迎親隊伍

頹廢的工匠
明朝將工匠都編入了「匠籍」，他們必須世代為官府做事，不能改行。

挨打的奴僕

世代相傳的戶籍制度

明朝在設計國家戶籍制度時，將全國戶口按照職業劃分爲民戶、軍戶、匠戶等，並登記造冊。民戶務農，需向國家繳納農業稅、服徭役；軍戶的義務是服兵役；匠戶需爲宮廷、官府及官營手工業服勞役。各種戶籍世襲職業，不容更改。這種粗暴、僵化的統治手段極大地打擊了百姓的積極性，阻礙了社會發展。到明朝中後期，兵籍下的士兵幾乎毫無戰鬥力，而匠籍下的工匠大都敷衍了事，生產技術發展停滯不前。

養蠶的人
張居正改革之後，百姓納稅只需繳納銀兩，所以許多人放棄種田，改行養蠶或者其他更容易賺錢的工作來養家糊口。

造船廠

紅夷大炮
紅夷大炮是葡萄牙人賣給明朝政府的，是當時明朝威力最大的火炮。

收受賄賂的官員
明朝中後期官場十分腐敗，貪官汙吏收受賄賂的現象極其常見。

西方的傳教士
來自西方的傳教士帶來了許多西方的器物和知識。

戲曲表演

書店
明朝的百姓愛看小說，書店生意往往很好。

說書人
這位說書人正在講述《三國演義》。

研究八股的儒生
八股是明朝科舉考試時規定的一種格式，想要當官就必須研究如何寫「八股文」。

寫小說的書生

被抓獲的倭寇
來自日本的海盜，經常騷擾明朝東南地區。

被抓的官員
在背地裡說皇帝壞話的他，突然被抓住了。

欣賞風景的藩王
明朝的藩王們不工作卻可以占據大片良田沃土，每天遊山玩水，非常快活。

結黨的文人
明朝後期，文人拉幫結派，同一黨派的文人互幫互助，並一同攻擊其他黨派的文人。

巡視的快班衙役
俗稱「捕快」，相當於現代的員警。

路引
明朝百姓想要離開家鄉，就必須去官府領取路引（通行證），否則將被問罪。

小說的黃金時代

唐朝最有名的是詩，宋朝最有名的是詞，元朝最有名的是曲，明朝最有名的是小說。

唐宋時期，吟詩作賦只是少數讀書人的行為。元明時期，隨著社會的發展，勞動人民也想看一些「接地氣」的作品，於是戲曲和小說這類大眾化的作品開始出現，且備受歡迎。

明代是中國小說創作的巔峰期，歷史小說、神魔小說、志怪小說和言情小說，都得到了極大的發展。《三國志通俗演義》、《水滸傳》、《西遊記》等作品都誕生於這個時期，對後世的文學創作具有深遠影響。

一心從醫的李時珍

李時珍出生於明朝的一個醫學世家，父親希望他能讀書參加科舉，將來做大官。

可是，李時珍不想當官，他從小便對醫學有著濃厚的興趣，背著父親偷偷學習各種醫藥知識。

後來，李時珍在整理前人留下的資料時，發現很多藥材、藥方的記載存在含糊不清之處。於是，李時珍一邊雲遊四方為人看病，一邊親自去採集各種藥材、收集各種藥方，瞭解藥性、藥理，掌握了大量的第一手資料。經過 27 年的積累，李時珍完成了醫學著作《本草綱目》。這部醫學巨著共記載 1892 種藥材、1.1 萬多個藥方，是本草學的集大成之作，為中國乃至世界醫學的發展做出極大的貢獻。

利瑪竇　　　　徐光啓

利瑪竇傳教

　　利瑪竇是義大利的一位天主教神父，明朝中後期，他被派往中國傳播天主教教義。

　　在中國傳教期間，利瑪竇為了能儘快與中國人無障礙交流而苦學漢語，還發明了用西方拉丁字母拼出漢字讀音的方法，成為最早的中文拼音。利瑪竇曾經和李之藻一起繪製了一張世界地圖，即著名的《坤輿萬國全圖》。它是中國歷史上最早的世界地圖。他還與另一位明朝官員徐光啓合作翻譯了古希臘的數學著作《幾何原本》前半部，為中國數學的發展做出巨大貢獻。

歷史便利貼

宏偉的明長城

　　你知道嗎？今天我們看到的長城基本上都是明朝時期修建的。明成祖將都城遷到北京，因此長城的堅固程度關乎都城的安全。明朝曾18次修築長城，構築了東起鴨綠江、西至嘉峪關的巨型戰略防線。長城的重要關卡如山海關、平型關等，直到抗日戰爭時期依然發揮著重要作用。

「心學」大師王守仁

　　王守仁（王陽明）自幼聰穎好學，長大後，他曾以文官的身分平定寧王叛亂，立下汗馬功勞。當時，朝廷黑暗腐敗，明武宗不理朝政，只顧著吃喝玩樂，還喜歡強搶民女，寵信宦官，對有思想、有能力而且正直的王守仁並不重視。

　　心灰意冷的王守仁逐漸專注學術和教育，他在浙江紹興興辦陽明書院，傳播自己領悟的心學，如「知行合一」就是其中一個重要的觀點。他的學術和思想觀念影響了明朝中後期無數仁人志士。

製作瓷器

抗擊俄國
清朝中後期，俄國頻繁入侵中國東北地區，清軍曾多次北上抗擊俄國。

盟旗制度
清朝用來統治蒙古各部的特殊制度，使蒙古人徹底臣服於清朝。

圓明園
清朝著名的皇家園林，後被英法聯軍焚毀。

京張鐵路
從北京通往張家口的鐵路，由中國近代著名鐵路工程師詹天佑主持修建。

張家口

山

京張鐵路

紫禁城

京師

攤丁入畝
清朝實施的稅收改革，收稅不再按照人口，而是根據每家每戶擁有土地的面積。

努爾哈赤

清

河

說書人

販賣布匹

綠營
清朝建立的龐大的常備部隊，士兵主要是漢人。

晉商
山西商人建立的商幫，透過經營鹽業與票號等業務，成為當時最具影響力的商幫。

達賴、班禪
透過冊封西藏藏傳佛教首領達賴與班禪，並派遣駐藏大臣監督西藏地方事務，清朝有效地加強了對西藏的管轄。

大

江

鴉片蔓延
西方國家為了從中國賺取利益，而向中國人民兜售鴉片。

高產量作物的推廣
源自美洲的玉米等高產量作物，清朝時期逐漸在中國推廣開來，大大增加了糧食產量。

江南製造局

廣州

臺灣府
1683年清帝國擊敗鄭氏政權。
1684年設置臺灣府，隸屬福建省，將臺灣納入帝國版圖。

南

清　朝

（1636 年—1912 年）

清朝與元朝一樣，是由少數民族建立的政權。建州女真努爾哈赤創建後金，皇太極改後金為大清。1644 年，清軍入關，遷都北京。經過長期的南征北戰，最終統一全國。

清朝極盛時期疆域西達今巴爾喀什湖、帕米爾高原，北接西伯利亞，東北到外興安嶺、鄂霍次克海，東到海（包括臺灣及其附屬島嶼），南到南海諸島。

經過康熙、雍正、乾隆三朝的勵精圖治，清朝國力強盛，社會穩定，經濟快速發展，人口增長迅速。清朝中後期，由於封建專制、閉關鎖國、思想禁錮等因素，清朝逐步落後於西方。

民族危機的進一步加深，特別是甲午中日戰爭的失敗，深深地刺痛了中國各階層人民，促使他們不斷尋找中國的新出路。1912 年，清政府最終被孫中山領導的辛亥革命推翻。

烏扎拉村之戰

八旗制度

努爾哈赤在統一女真各部的過程中，將所屬人員編為八個旗。起初，只有黃、白、紅、藍四旗，後增加鑲黃、鑲白、鑲紅、鑲藍四旗。實施軍政一體、兵民合一的制度。

大洋

京劇

清朝中後期形成的一個新劇種。

南大洋

◎　都城

— ·— 國界

—— 今國界

註：嘉慶二十五年
　　（1820 年）。

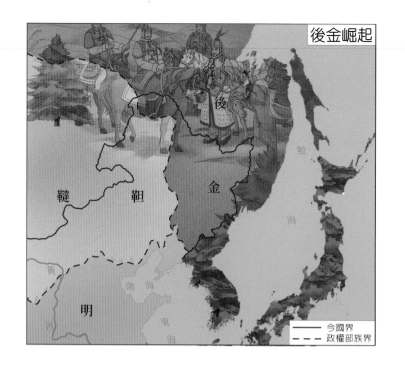

後金崛起

後金的崛起

女眞族是生活在東北地區的少數民族。北宋時期，女眞人曾經南下建立了金朝，並大批遷入中原。後來金滅亡，南下的女眞人便融入其他民族，居住在東北地區的女眞各部則向元朝及後來的明朝稱臣。

1616 年，女眞族的努爾哈赤憑藉 13 副鎧甲起兵，統一了女眞各部，又趁明朝政府忙於黨爭之際，在東北地區建立後金政權。努爾哈赤率軍與明朝軍隊交戰，接連取勝，稱雄一時。

努爾哈赤死後，他的兒子皇太極將國號改爲大清，將族名改爲滿洲。這一階段，明朝衰敗，饑荒導致的流寇之亂，新生的清朝政權逐漸強大。

清軍入關

1644 年，李自成攻入北京，建立大順政權，明朝滅亡。與此同時，負責鎮守山海關的明朝遼東總兵吳三桂向清軍發出了求助信，希望清軍幫助他擊敗正在攻打山海關的李自成。

多爾袞看到「乞師」書正中下懷，率領大軍抵達山海關附近。但他卻始終沒有出兵，反而逼迫吳三桂放棄聯清擊李的策略徹底投降清朝。

李自成與吳三桂交戰許久，大敗而去。清軍乘勝追擊，奪取北京城，並在之後徹底擊垮了李自成軍隊和明朝殘餘勢力，完成了對全國的統治。

歷史便利貼

剃髮易服

清朝在統一全國的過程中，命令漢人改穿滿族的服飾，並要求所有男人將前顱的頭髮剃光，其餘部分紮成辮子。這一命令最初下達時，遭到強烈反抗。然而，在清朝統治者的血腥屠刀下，百姓還是屈服了。

1616 年	1636 年	1644 年	1662 年	1667 年	1673 年	1681 年	1683 年	1689 年	1757 年	1759 年
努爾哈赤建立後金	皇太極改國號為大清	清軍入關	鄭成功收復臺灣	康熙帝親政	「三藩之亂」爆發	康熙平定「三藩之亂」	清朝統治臺灣	《中俄尼布楚條約》	大小和卓叛亂	平定大小和卓叛亂

康熙智擒鰲拜

康熙是清朝的第三位皇帝，他即位時年僅 8 歲。康熙親政前，國家大事由四位輔政大臣共同商議決定。在這四人中，以武將出身的鰲拜，權勢最大，不但手握兵權，把握朝政，根本不把小皇帝放在眼裡。眼看著小皇帝已長大，他卻不肯歸還權力，還擅自殺死輔政大臣蘇克薩哈等官員，企圖獨攬朝政大權。

少年康熙帝一心想除掉鰲拜這個心頭大患。他挑選了一批親信貴族子弟來皇宮裡和自己練摔跤。聽說這件事的鰲拜認為這只是小孩子的遊戲，不以為意。有一天，康熙在召見鰲拜的時候，突然一聲令下，眾少年一擁而上，將鰲拜當場擒獲，就這樣，年僅 15 歲的康熙將權力收回手中。

雅克薩之戰

明朝末年，北方的俄國頻繁入侵中國的東北地區，到清康熙皇帝統治時期，已成為當時中國一大心腹之患。

俄國原本只是東歐的一個小國，與中國相隔萬里，領土並不接壤。17 世紀中期，俄國領土迅速擴張，侵入中國東北黑龍江流域，四處燒殺劫掠，無惡不作，甚至還在中國的邊境修築要塞，企圖將這些地區永久變成俄國的領土。

1685 年至 1686 年，清軍發動了兩次對俄國雅克薩城的圍攻，迫使俄國議和，經過反覆談判協商，雙方於 1689 年簽訂了《中俄尼布楚條約》，劃分了兩國的邊界。

康雍乾盛世

從康熙到乾隆統治的這 100 多年間，清朝政治清明，社會穩定，對外開疆拓土，對內恢復生產，國家疆域遼闊，人口增長迅速。後人將這段興盛期稱為「康雍乾盛世」，這是中國封建時代的最後一個盛世。

康熙　雍正　乾隆

1839 年	1840 年	1851 年	1856 年	1865 年	1894 年	1898 年	1900 年	1912 年
虎門銷煙	鴉片戰爭爆發	太平天國運動	英法聯軍爆發	自強運動開始	甲午中日戰爭爆發	戊戌變法，又稱「百日維新」	義和團運動高潮，八國聯軍侵華	清朝滅亡

鴉片戰爭

鴉片是能夠讓人上癮的毒品，吸食鴉片會使人身體衰弱、精神萎靡，長期吸食甚至可能致人死亡。

清朝末年，英國的東印度公司開始向中國大量走私鴉片，導致中國巨額白銀外流、經濟衰敗，百姓與士兵的精神和身體都遭到極大摧殘。於是，道光皇帝派遣欽差大臣林則徐前往廣東銷毀鴉片。英國不滿清政府斷其財路，藉機向中國宣戰，鴉片戰爭爆發了。

當時的歐洲已經歷了工業革命，他們的軍隊擁有先進的武器，而清朝還處於冷兵器時代，根本無法與英國的軍隊抗衡。數次戰敗後，清政府被迫與英國簽訂不平等的《南京條約》。條約內容包括中國賠償英國 2100 萬銀元、開放五個港口與外國通商、割讓香港島給英國、協商關稅等。

太平天國運動

鴉片戰爭後，中國國門被打開，清政府被迫取消閉關鎖國政策，大量西方人士湧入中國，其中便包括基督教的傳教士。

當時，洪秀全從西方傳教士寫的小冊子中獲得啟示，創立了「拜上帝教」。他宣稱自己是耶穌的弟弟，下凡來推翻清朝，拯救百姓。

1851 年 1 月，洪秀全率領教眾在廣西金田掀起叛亂，他自稱天王，國號「太平天國」。這場叛亂被稱為太平天國之亂，太平軍在短短幾年裡迅速壯大。

在勢力擴張時，太平天國的將領因權力之爭自相殘殺，史稱「天京事變」。清政府趁機展開反攻，並聯合外國勢力一同圍剿太平軍。

1864 年，太平天國之亂被清朝平定。

京師
天津
大沽
渤海
黃海
江寧
鎮江
吳淞
上海
杭州
寧波
定海
東海
福州
雞籠
廈門
臺灣島
廣州
澳門（葡占）
香港島
南海
海南島

英軍進軍路線
中國軍民抗英主要地點
《南京條約》中被迫割讓地
《南京條約》中被迫開放的通商口岸

鴉片戰爭

廣州

火燒圓明園

1856 年，英法聯軍爆發。1860 年，英法聯軍擊潰清朝精銳部隊後，進入清朝都城北京。

當時，在北京的西北郊，有一座美輪美奐的圓明園。這是清朝歷代帝王花費巨大財力打造的皇家園林，集合了中西方建築的精華，舉世聞名，被稱為「萬園之園」，圓明園中收藏著無數珍寶、名貴字畫與藝術品。英法聯軍進入北京城後，對圓明園展開了洗劫，最後將無法帶走的珍品焚毀，使昔日的皇家園林變為殘垣斷壁。

自強運動

隨著一次次的戰敗，清政府內部出現了一些主張向西方學習的聲音。部分開明的官員和士子開始認識到自己的不足，主張發展近代工業、學習西方先進技術，以此富國強兵。他們被稱為「洋務派」，代表人物有奕訢、曾國藩、李鴻章、左宗棠、張之洞等。

洋務派的大臣在各地興辦工廠和學校、聘用技師、翻譯書籍，獲得了很大的成果，奠定了中國近代工業的基礎，還成功創建了中國第一批近代海軍。

但是，自強運動著重於器物改革，未重視制度上的改革，改革措施無法深入清朝政體內部，雖使國力得到一定的增強，卻無法改變中國任人宰割的局面。

13

地圖標示：

中 （清） 國
奉天
遼陽
營口
海城
岫岩
九連城
山海關
花園口
天津
大沽
渤 海
金州
旅順　青泥洼
威海衛
榮成
黃 海
鴨 綠 江
朝 鮮
安州
日軍自馬關來
平壤
元山
漢城
仁川
成歡驛
公川
日軍自廣島來

→ 日軍進軍路線
→ 清軍進軍路線
✹ ✗ 主要戰場

甲午中日戰爭

日本在明治維新後國力增強，逐漸走上了侵略擴張的道路，制定了以侵占中國爲目標的策略。

1894 年，日本入侵朝鮮，並襲擊了駐守朝鮮的清朝軍隊，由此挑起了中日戰爭，這一年是中國的甲午年，因此這場戰爭被稱爲「甲午中日戰爭」。

戰爭爆發後，中日雙方的陸軍在朝鮮半島上展開了激烈的拼殺，清朝主帥葉志超臨陣脫逃，導致清軍大敗，平壤陷落。隨後，中日雙方的主力艦隊又進行了著名的黃海海戰，中國的北洋艦隊英勇奮戰，卻損失慘重，最終喪失了黃海的制海權。

日軍在獲得連續勝利後，開始進攻中國本土，在旅順口製造了震驚中外的旅順大屠殺，隨後又在威海衛港內全殲了北洋水師的剩餘船隻。

戰爭失利，清政府與日本簽訂了極不平等的《中日馬關條約》，除賠償 2 億兩的白銀之外，還將臺灣全島及其附屬島嶼、澎湖列島、遼東半島割讓給日本；增開沙市、重慶、蘇州、杭州四地爲通商口岸，允許日本臣民在中國通商口岸設立工廠，產品運銷內地只按進口貨納稅。

戊戌變法

《中日馬關條約》的簽訂，引發了中國知識分子的強烈憤慨。康有爲組織前來北京參加科舉考試的 1300 多名舉人向皇帝上書，希望皇帝拒絕議和，與日本繼續開戰，並提出遷都、變法等主張，史稱「公車上書」。

公車上書沒有立即取得效果。幾年後，年輕的光緒皇帝召見康有爲，在康有爲的鼓勵下，光緒皇帝決心變法，立志富民強國，百日維新開始。

在康有爲、梁啓超等人的協助下，光緒皇帝先後發布了上百道詔令，宣布改革政府機構、裁撤官員、任用維新人士、鼓勵私人企業、開設新式學堂、開放言論等。

一系列改革政策觸怒了清朝上層的權貴，這些保守派聚集到慈禧太后的身邊，發動「戊戌政變」，將光緒皇帝囚禁起來，隨後逮捕、誅殺維新派人士，並廢除此前頒布的絕大部分新法。自此，歷時 103 天的變法運動宣告失敗。

八國聯軍

辛亥革命

《辛丑和約》簽訂後，越來越多的愛國志士加入到推翻清政府的陣營中，成立了許多的團體與組織，如興中會、華興會、光復會等。他們被統稱為「革命黨人」，而孫中山則是革命黨人公認的領袖。

1911 年，武昌起義爆發。1912 年 1 月 1 日，革命黨人在南京建立了中華民國臨時政府，推選孫中山出任臨時大總統。

1912 年，孫中山與清朝北洋軍首領袁世凱達成協議，只要清朝皇帝退位，他便宣布辭職，並推舉袁世凱繼任臨時大總統。得到承諾後的袁世凱軟硬兼施逼迫清朝皇帝退位，當年的 2 月 12 日，宣統皇帝下詔退位，中國最後一個封建王朝就此結束。

八國聯軍侵華

西方列強入侵中國後，朝野仇視外國人加據。義和團源於山東，原為民間宗教團體，以法術號召群眾，其後打著「扶清滅洋」的口號，四處流動作戰。他們打擊一切與「洋」有關的東西，殺死傳教士，燒毀教堂，打砸外國使館……，這些行為引發了西方列強的強烈不滿。慈禧太后欲以義和團對抗列強，於是向列強宣戰，英國、法國、德國、美國、俄國、日本、義大利、奧匈帝國八個國家組成聯軍，再次對中國發動侵略。

八國聯軍最終攻陷北京，義和團運動失敗。

1901 年，清政府被迫與西方各國簽訂了喪權辱國的《辛丑和約》，向列強賠償 4.5 億兩白銀，削弱清朝國防實力。

歷史便利貼

戊戌六君子

慈禧太后發動「戊戌政變」之後，康有為、梁啟超等人紛紛逃往國外，而維新派的另一位中堅人士譚嗣同卻堅決不逃。他說：「各國變法沒有不流血就能成功的，如今中國還沒有人為變法流過血，那麼，就從我開始吧！」於是，他與劉光第、林旭、楊銳、楊深秀、康廣仁一同被捕，並被清政府當眾處死。這六人被稱為「戊戌六君子」。

統一的多民族國家

清朝極盛時期疆域遼闊，針對不同的民族地域，推行不同的政策。

滿族的貴族子弟享有最高特權，他們不但擁有無須納稅的良田（俗稱「鐵杆莊稼」），還有完全獨立的司法機關，違法犯罪後受到的懲罰也較輕。因此，「八旗子弟」是維護清朝統治的急先鋒。

漢族百姓則面臨文化層面的拉攏與禁錮。清政府一方面大力推崇儒學，重視科舉制度，大力提拔漢族人才；另一方

頤和園

西式樓房
歐洲人建造的西式建築，在租界區隨處可見。

門樓

酒樓

醫館

吸食鴉片的人

景德鎮瓷器

阿哥和格格

茶樓

說書人

皇帝

御前侍衛

跪拜的官員

酒樓

大臣和侍衛

貨郎

行走在街道上的清朝軍隊

店小二

馬車

遛鳥

自行車

私塾老師

課館

貨物

大碗茶

命相

算命

舞龍

鐘錶

面又用「剃髮易服」和「文字獄」等方式改變了漢族人民的習慣，禁錮知識分子，使整個社會變得死氣沉沉。

蒙古族則被「盟旗制度」所控制，清朝通過聯姻等方式拉攏蒙古各部的上層貴族，同時又限制了底層牧民的游牧範圍，以便維護地方安定，遏制了蒙古各部的發展。

在西藏地區，清朝設立了駐藏大臣，與當地的達賴、班禪共同管理地方事務，加強中央政府對這一地區的管控。

清朝對各民族地域的管理，為中國近代版圖的奠定做出了貢獻。

圓明園

白塔

玩鋪子

西式建築

戲臺

涼亭

看戲的百姓

喬

轎子

寫文書的官員

轎夫

剃髮易服

船

挑夫

歇腳的茶攤

外國人

躲在暗處為反清復明伺機行動的人

糖葫蘆

殘酷的文字獄

清朝的統治者入主中原後，一直擔心有思想的漢族知識分子對自己不夠忠誠，因此對文人的詩詞、文章十分敏感。曾經有一位大臣在詩中寫道：「一把心腸論濁清。」皇帝看後說：「將『濁』字放在『清』字前面，是何居心？」於是，將他斬殺。

類似的事情在清朝頻頻上演，任何一句無心的話都可能招來殺身之禍，親屬、朋友也會受到牽連。人們將因文字被斷章取義、加以歪曲而獲罪的情況稱作「文字獄」。文字獄禁錮了思想自由，摧殘了人才，嚴重阻礙了文化的發展。

文字獄

從天堂到人間

曹雪芹出生於清朝的官宦世家，其曾祖母曾經是康熙帝的乳母。康熙時期，曹氏一族享盡榮華富貴。雍正時期，曹家獲罪被抄家。曹家陡然間變得家徒四壁，窮困潦倒，曹雪芹的生活也從天上掉到了地上。

過去的富足與現今的貧困形成的巨大反差，使曹雪芹深深感受到人情冷暖與世態炎涼。他根據自己的經歷創作了著名的長篇小說《石頭記》，就是我們今天看到的四大古典名著之一的《紅樓夢》。

昆曲與京劇

清朝時期，中國的戲曲藝術獲得進一步發展，看戲已經成為民眾最青睞的娛樂項目。各大戲曲流派爭奇鬥豔，戲曲表演藝術不斷推陳出新，孕育了如昆曲和京劇這樣優秀的戲種。

昆曲為元末明初昆山人顧堅始創，聲調輕柔婉轉，又經魏良輔等人繼續革新。後來，昆曲傳入北京，逐漸演變為全國性的劇種。

京劇是在清中期各大戲班匯聚北京後，融合交匯而產生的一種新的戲曲劇種。它博採眾長，不斷創新，成為中華民族傳統文化的重要表現形式。京劇深受百姓喜愛又得到皇室的支援，內容日益完善，逐漸成為中國影響最大、最主要的劇種之一。

《紅樓夢》

曹雪芹

資政新篇

洪秀全的族弟洪仁玕（ㄍㄢ）早年曾經加入洪秀全的拜上帝教，後因未趕上太平軍而在香港、上海等地逗留。

在香港居住期間，洪仁玕學習了大量的西方知識，思想有了質的飛躍。1859年，洪仁玕來到太平天國的首都天京，被洪秀全任命為干王，總理朝政。在這一時期，洪仁玕將自己對國家未來的設想與制定的施政綱領融入一部著作《資政新篇》中，主張接受西方文化，進行全面政治改革，發展資本主義。

儘管洪秀全同意實施《資政新篇》的部分主張，但當時太平天國已進入衰退期，政策無法真正落實。不久之後，清朝攻滅太平天國，《資政新篇》中所勾勒的藍圖也隨之消散了。

睜開眼睛看世界

就在清朝統治者對內禁錮思想、對外閉關鎖國的時候，有一部分人，早已「睜開」了眼睛，開始了對世界的觀察與探索，他們被稱為晚清中國「睜眼看世界的人」。

而林則徐被稱為「中國開眼看世界的第一人」。當時，他在廣州主持禁煙，一邊銷毀鴉片，一邊派人去打探西方國家的情況，收集了各種資料。林則徐組織編譯了《世界地理大全》，編撰了《四洲志》，以便中國人能夠系統化瞭解世界各國的地理、歷史、政治情況。

後來，林則徐將這部著作交給了自己的好友魏源。魏源根據《四洲志》等資料編撰了《海圖國志》。在這部書中，魏源介紹了西方的歷史、地理、科學技術，提出了「師夷長技以制夷」的口號，呼籲中國人應該主動學習西方先進技術，引發了民眾瞭解世界、向西方學習的新潮流。

清詞三大家

儘管有著文字獄的重重禁錮，清朝的文壇上仍然湧現了許多明星人物，譬如被後世譽為「清詞三大家」的納蘭性德、朱彝尊與陳維崧。

納蘭性德是滿族貴族，父親是康熙時期的宰相納蘭明珠。納蘭性德從小飽讀詩書，文武雙全的他，詞風委婉細膩，有幾分李煜的風格。他的文學成就極高，被譽為「國初第一詞手」，可惜英年早逝，引得無數後人為之惋惜。

朱彝尊與陳維崧生活在明末清初時，他們的文風繼承了明代詞人的清麗工整，並在此基礎上發展出了自己的風格。尤其陳維崧的許多作品都反映了當時社會底層的民間狀況，為後人探究歷史提供了不少依據。

納蘭性德

清朝留學生

銅鍍金自開門人打鐘

銅鍍金渾天合七政儀

金甌永固杯

金胎掐絲嵌畫琺瑯執壺

歷史的遺珍

故宮最初由明成祖朱棣下令修建，那時稱作「紫禁城」。為了打造一座前無古人的居所，朱棣派人從全國各地收集了最珍貴的木材與石料。整個宮殿完全遵守「天人合一」的規劃理念，建築左右對稱，氣勢恢宏，更有藍、紫、黑、翠等各色琉璃鑲嵌其中，遠遠望去，光彩奪目，美輪美奐。

紫禁城布局大致可分為內庭與外朝。其中，外朝是皇帝與群臣商議國事的地方，有太和殿、中和殿、保和殿等，它們的臺基都是由漢白玉砌成，其上雕刻著「蟠龍」與「流雲」；內庭以乾清宮、交泰殿和坤寧宮為主，主要是供皇帝與妃嬪們居住、生活的地方。

明朝滅亡後，清朝的統治者驚歎於紫禁城的規模與精美程度，並繼續定都於此。清朝滅亡後，紫禁城作為歷史留下的寶貴遺產，成為著名的觀光景點和供人們參觀的博物院。

歷史便利貼

「推出午門！」

在影視劇裡，我們常常聽到「推出午門斬首」這樣的話，在很多人的印象中，午門便成了專門處決犯人的場所。實際上，這是一種誤傳。

午門其實是故宮的正門，古代大臣進宮上朝，都得從午門進入，因此，午門是皇宮與宮外的分界線。

明太祖朱元璋當年為了懲戒一些惹怒自己的大臣，下令在午門附近設立「廷杖」。如果有大臣犯了錯，便會被直接拉到午門進行杖責。有時候，行刑的人下手太重，會出現把大臣活活打死的情況，久而久之，使人們對午門產生誤解。

清朝的衣冠習俗

　　清朝作為一個由少數民族建立的政權，在統治過程中，有許多獨特的習慣。譬如，在民間，臣民被要求剃成辮子頭，頭戴小圓帽，且服裝上也流行穿短小精悍的馬褂，而非此前流行的寬衣大袖，滿族婦女的旗袍也開始流行。對於漢族婦女纏足的陋習，清政府也曾嚴令禁止，只不過收效甚微，非但沒能禁止漢人纏足，甚至還有大量滿族人爭相效仿。

歷史便利貼

「大有作為」的銅缸

　　故宮的各大殿前面以及庭院中，都擺放著大銅缸。它們工藝精湛、裝飾精美，別有一番欣賞價值。這些大銅缸是古代統治者為了防止宮殿起火而特別設置的「消防設施」。平時在銅缸裡蓄水，一旦起火，便可使用銅缸裡的水救火。